Kaizen für Anfänger
- Das Praxisbuch -

Wie Sie mit kleinen aber kontinuierlichen Verbesserungen in Beruf, Alltag & Beziehung Großes erreichen

Emi Tanaka

Alle Ratschläge in diesem Buch wurden vom Autor und vom Verlag sorgfältig erwogen und geprüft. Eine Garantie kann dennoch nicht übernommen werden. Eine Haftung des Autors beziehungsweise des Verlags für jegliche Personen-, Sach- und Vermögensschäden ist daher ausgeschlossen.

ISBN: 9783969304327

Email: info@edition-lunerion.de
www.edition-lunerion.de

Psiana eCom UG
Berumer Str. 44
26844 Jemgum

INHALT

Vorwort 1

Die Veränderung beginnt 2

KAIZEN - Das universelle Prinzip 4

Der Wandel zum Besseren? - Warum das Leben ständig im Fluss ist 9

Den Fluss des Lebens lenken- Sie sind der Erschaffer 12

Die Methodologie zur Veränderung 21

Fokus auf Prozesse 22

Das Ziel: Kontinuierliche Verbesserungen erzielen 26

Planen 28

Mein Thema (an)erkennen 29

Probleme abgrenzen & analysieren 30

Ursachen identifizieren 32

Ziel definieren 35

Umsetzung planen 39

Umsetzen 41

Umsetzung koordinieren *41*

Ziele & Ergebnisse gestalten *44*

Überprüfung *57*

Soll-Ist-Abgleich *60*

Agieren 62

Möglichkeit 1: Erfahrung sichern + Standard definieren *63*

Möglichkeit 2: Verbesserung initiieren *64*

Ein tieferes Bewusstsein erlangen 66

Das grosse Ganze *67*

Das Universum: Warum alles mit allem verbunden ist *69*

Jeder Mensch, den wir treffen, ist ein Spiegel *92*

Resilienz & Umgang mit Herausforderungen *97*

Alles ist im Fluss: In Bewegung im Innen & Aussen sein *107*

Der 5S-Werkzeugkasten von Kaizen - Für ein erfolgreiches Leben 122

Seiri – Sortieren *123*

Seiton – Systematisieren *125*

Seiso – Sauberkeit *126*

Seiketsu – Standardisieren *127*

Shitsuke – Selbstdisziplin *128*

Unter der Lupe: Was uns am Erfolg hindert 129

Muda – Verschwendung *130*

Muri – Überlastung *132*

Mura – Abweichung *134*

Erfolg durch und durch - Mit KAIZEN das Leben optimieren 136

Beziehungen als elementarer Grundpfeiler *137*

Beruf(ung) & Job *140*

Liebe & Beziehung *141*

Persönliche Entwicklung *143*

Finanzen *145*

Mit KAIZEN durchs Leben 146

Der Weg zum Glück 149

Vorwort

Kaizen ist eine Philosophie, die vor allem für die Unternehmensbranche aufgebaut wurde. Ursprünglich aus Japan stammend, hat sie mittlerweile auch die westliche Welt erreicht und wird auf viele andere Bereiche übertragen.

Dieses Buch widmet sich vor allem dem alltäglichen Leben und zeigt, wie diese Arbeits- und Lebensphilosophie auf alle Bereiche übertragen werden kann. Fassen Sie das Lesen dieses Buches als Ihren ersten Schritt auf Ihrem Kaizen-Weg auf. Ihre Reise, Ihr Entwicklungsprozess, Ihre Entwicklung im Sinne von Kaizen beginnt: Jetzt.

Die Veränderung beginnt

Viele Menschen kennen Kaizen als ein Konzept zur kontinuierlichen Verbesserung in der Arbeitswelt. Der Name kommt aus dem Japanischen und bedeutet so viel wie Veränderung zum Besseren. In der Unternehmenswelt soll die Methode dabei helfen, bestmögliche Ergebnisse durch viele kleine Schritte zu erzielen. Kaizen bietet dafür eine Reihe nützlicher Werkzeuge.

Allerdings ist das japanische Konzept so viel mehr als eine Business-Strategie. Kaizen ist eine Arbeits- und Lebensphilosophie. Die grundlegenden Methoden und Ideen, die hinter dieser Philosophie stehen, können Sie auf alle Lebensbereiche übertragen. Kaizen kann Ihnen dabei helfen, Verbesserungen im Bereich der zwischenmenschlichen Beziehungen zu erzielen oder auf Ihrem persönlichen Entwicklungspfad. Da Sie dieses Buch in der Hand halten, fallen Ihnen sicherlich einige größere und kleinere Lebensbereiche ein, in denen Sie gerne Veränderungen erreichen würden. Mit Kaizen gelingt Ihnen dies langfristig und nachhaltig.

Dieses Buch widmet sich der Philosophie und der praktischen Umsetzung im Alltag. Sie werden alles zur Theorie von Kaizen erfahren und lernen, welche japanischen Prinzipien damit verknüpft sind. Sie erhalten einen Überblick über die wichtigsten Werkzeuge und die häufigsten Fehler- und Verlustquellen. Was bewirkt Erfolg? Was hindert uns daran? All diese Fragen werden in den ersten Kapiteln dieses Buches beantwortet.

Im späteren Teil lernen Sie, Kaizen gezielt auf die verschiedenen Lebensbereiche zu übertragen. Sie werden staunen, wie alltagsrelevant dieses Prinzip ist. Damit Sie sofort in die Praxis eintauchen können, finden Sie über das ganze Buch verteilt zahlreiche Übungen und Trainingsanleitungen. So können Sie das Gelernte immer sofort umsetzen. Nehmen Sie sich für die Übungen generell so viel Zeit, wie Sie benötigen. Viele der Übungen lassen sich innerhalb weniger Minuten durchführen. Oftmals hilft es jedoch sehr, sich deutlich länger Zeit zu nehmen und intensiv zu überlegen. Die Ergebnisse werden immer konkreter und Sie können gezielter damit arbeiten.

Die wichtigste Lehre von Kaizen ist die des langsamen und stetigen Veränderns. Anders als viele Strategien der modernen Arbeitswelt sollen keine großen Erfolge in kürzester Zeit geschehen. Vielmehr geht es darum, das Leben und all seine Bereiche ganzheitlich zu betrachten. Denken Sie daran, wie alles miteinander verknüpft ist, und erinnern Sie sich daran, dass auch unscheinbare Veränderungen große Auswirkungen haben.

Also setzen Sie sich einen Tee oder Kaffee auf, nehmen Sie sich Zeit und beginnen Sie mit dem ersten Kapitel. Ganz nach dem Motto „in der Ruhe liegt die Kraft“ beginnt hiermit Ihr Weg mit Kaizen.

KAIZEN

Das universelle Prinzip

i Der Begriff **Kaizen** stammt aus dem Japanischen und setzt sich aus den Silben „Kai", was so viel wie „Veränderung" oder „Wandel" bedeutet, und „zen" zusammen. Zen bedeutet so viel wie „zum Besseren". Der Begriff Kaizen steht also für eine Veränderung zum Besseren. Er bezeichnet eine japanische Lebensphilosophie, aber auch eine Arbeitsphilosophie und ein methodisches Konzept, das auf bestimmten Leitlinien aufbaut.

In die japanische Wirtschaftswelt schaffte es Kaizen vor allem in der Zeit nach dem Zweiten Weltkrieg. Damals befand sich Japan nach der Niederlage wirtschaftlich an einem Tiefpunkt. Neue Arbeitsgesetze wurden von der amerikanischen Besatzung eingeführt. Gewerkschaften nutzten ihre Stärken für das Erzielen von großflächigen Veränderungen. Sie erreichten für Arbeitnehmer neue Vorteile, etwa einen Anteil am Unternehmensgewinn in Form eines Bonus. Gastarbeiter oder andere Minderheiten mit begrenzten Beschäftigungsmöglichkeiten gab es zu dieser Zeit in Japan nicht. In einigen Industriezweigen, darunter vor allem die Autoindustrie mit Toyota als treibende Kraft, wurden Kompromisse zwischen Gewerkschaften und Arbeitgebern eingeführt. Zahlreiche Arbeitnehmer wurden entlassen, für die verbleibenden gab es jedoch mehr Rechte und bessere Grundlagen. Ihre Bedeutung wuchs daraufhin auch für das jeweilige Unternehmen und sie wurden langfristig gebunden. Da Arbeitskräfte keine austauschbaren Fixkosten mehr waren, sondern langjähriges Humankapital, war es sinnvoll, ihre Fähigkeiten und ihren Erfahrungsschatz stetig zu erweitern. So wurden Prinzipien angewendet, die Wissen und Arbeitsleistung erhöhen sollten. Kaizen spielte schnell eine größer werdende Rolle. Mit diesem Prinzip konnten Wissen und Fähigkeiten der Arbeitskräfte nicht nur kontinuierlich verbessert, sondern auch zielgerichteter eingesetzt werden.

Kaizen zielt nicht darauf, schnelle Fortschritte zu machen. Vielmehr soll mit kleinen Schritten und Veränderungen langfristig großer und nachhaltiger Erfolg gesichert werden. Im Japanischen wird auch von der „Kunst der kleinen Schritte“ gesprochen. Im Grunde wird jeden Tag darauf geachtet, kleine Verbesserungen vorzunehmen, um so langfristig große Wirkung zu erzielen. Dafür muss Kaizen in der Wirtschaft insbesondere von Mitarbeitern verstanden und praktiziert werden, denn diese können die meisten kleinen Veränderungen bewirken.

Das Prinzip von Kaizen kann in der Arbeits- und Unternehmenswelt große Wirkung entfalten. Allerdings ist Kaizen auch für den Alltag geeignet. Die Werte, Methoden und Prinzipien lassen sich auch auf die persönliche Optimierung und den allgemeinen Lebensstil übertragen. Kaizen bedeutet dann im Grunde, einen stetigen Wandel zum Besseren zu vollziehen – jeden Tag mit kleinen Schritten. Diesem Prinzip folgend, können Menschen auch solche Veränderungen im Alltag gezielt verfolgen, die anfangs schwer oder gar unmöglich erscheinen. Kaizen ist damit eine Philosophie, die große Veränderungen im Alltag erleichtert und dabei hilft, persönliche Ziele zu erreichen, die bislang schwergefallen sind.

Weltweit bekannt wurde Kaizen insbesondere durch den Japaner **Masaaki Imai**, der unter diesem Begriff eine Sammlung erfolgreicher Strategien von japanischen Managern herausbrachte. 1986 brachte er sein Buch heraus. Bereits ein Jahr zuvor hatte er sein eigenes Kaizen-Institut gegründet. Mit Veröffentlichung seines Buches wurde das japanische Konzept schnell auch international bekannt und weiter verbreitet. Es entwickelte sich bald zu einer Praxis im Lean Management.

Masaaki Imai (geboren 1930 in Tokyo) ist ein japanischer Organisationstheoretiker und Managementberater. Bekannt wurde er vor allem für seine Arbeit im Qualitätsmanagement, insbesondere durch die Entwicklung von Kaizen. Er schloss seinen Abschluss an der Tokyo University ab und arbeitete in den späten 50er Jahren in Washington D.C. Dort war er im Japanese Productivity Center tätig. 1869 erfolgte dann die Entwicklung und Verbreitung von Kaizen.

Kaizen wird heute gerne wie ein Managementsystem in die Wirtschaft eingebaut und zur Einführung kontinuierlicher Verbesserungsprozesse eingesetzt. Anders als im japanischen Ursprung stehen dabei jedoch häufig eine Steigerung der Qualität sowie eine Kostensenkung im Vordergrund. Im japanischen Wirtschaftskomplex steht vielmehr das **stetige Hinterfragen der eigenen Annahmen** im Vordergrund. Dadurch soll das Kundenwohl gesteigert werden, was wiederum einen Gewinn für die Firma zur Folge hätte. Somit sollen beide Seiten im Sinne einer klassischen Win-win-Situation von diesem Prinzip profitieren. Etwa seit den 1990er Jahren entwickelte sich aus der Idee des Kaizen der Begriff des Kontinuierlichen Verbesserungsprozesses, besser unter der Abkürzung **KVP** bekannt. Im Unternehmensbereich, insbesondere im Ideenmanagement, werden der ursprüngliche japanische Name und der neue westliche Name gern synonym verwendet. Inhaltlich geht es auch bei KVP nach wie vor um kontinuierliche und damit beständige Verbesserungen. Vollkommen identisch sind die beiden Methoden jedoch nicht. Das liegt vor allem auch an den kulturellen Unterschieden, mit denen Kaizen und KVP stark verknüpft sind.

Kaizen entwickelte sich aus der japanischen Mentalität und ist nach wie vor mit dieser verbunden. Sie ist geprägt von einem starken Gemeinschaftssinn, einem beeindruckenden Arbeitsethos und dem langfristigen Streben nach Perfektion. Auch das, was wir heute unter dem Begriff „Zen" kennen, ist damit stark verbunden. Zen ist die Kurzform für die buddhistische Strömung des Zen-Buddhismus. In dieser Strömung ist das höchste Ziel das Erleben des gegenwärtigen Augenblicks. Im Zen-Buddhismus wird daher viel meditiert. Dadurch sollen das Loslösen von Wünschen und Trieben und das Erlangen der Erleuchtung erreicht werden. Zen hat also viel mit der Perfektion des eigenen Ichs zu tun. Da diese Werte, vor allem die stetige Verbesserung, stark im japanischen Denken verankert sind, ist Kaizen weitaus mehr als nur eine Arbeitsphilosophie. Vielmehr steckt hinter dem Konzept eine Lebensphilosophie, die auch abseits der Arbeitswelt eine Rolle spielt. Kaizen ist keine Methode, die Japaner erst umfangreich erlernen müssen – sie ist tief in ihrem Denken verwachsen.

In westlichen Ländern sieht dies ganz anders aus. Das Denken westlicher Länder ist weniger stark auf das langsame, stetige Streben nach Perfektion getrimmt. Ebenso ist der Gemeinschaftssinn anders ausgeprägt. Während das japanische Kaizen, das sich auf den Erfolg des Strebens aller Mitarbeiter gründet, tief im ausgeprägten Gemeinschaftssinn verwurzelt ist, sieht das im Westen anders aus. Hier liegt der Fokus selten so stark auf *allen* Mitarbeitern. Kaum ein Unternehmen bezieht jeden Mitarbeiter in alle Prozesse ein und selten wird der Fokus wirklich darauf gelegt, wie viel ein einzelner Mitarbeiter zur Gesamtverbesserung beiträgt. Entsprechend diesen kulturellen Unterschieden unterscheiden sich die Methoden Kaizen und KVP in einigen Punkten voneinander. Der folgende Vergleich verdeutlicht dies anhand von fünf Beispielen:

	Östlicher Kulturkreis	**Westlicher Kulturkreis**
Geeignet für:	Langsamens Wachstum	Schnelles Wachstum
Orientiert an:	Menschen	Technologie
Geschwindigkeit:	Kleine Schritte	Große Schritte
Involviert:	Jeder	Ausgewählte Champions
Effekt:	Langfristig und nicht unauffällig	Kurzfristig und dramatisch

Kaizen ist nicht nur in der Arbeitswelt eine Bereicherung. Wenn Sie sich intensiv mit dieser Philosophie beschäftigen, werden Sie sehen, wie viele Lebensbereiche damit optimiert werden können.

Der Wandel zum Besseren?

Warum das Leben ständig im Fluss ist

Sicherlich kennen Sie das auch: Das neue Jahr beginnt und Sie haben alle möglichen neuen guten Vorsätze gefasst. Sie wollen das Rauchen aufgeben, mehr Bewegung in den Alltag bringen, mehr Zeit mit der Familie verbringen, weniger tratschen, gesündere Ernährung zu einer Normalität machen usw. – und nahezu jeder Ihrer Freunde hat ähnliche Vorsätze gefasst. Veränderung scheint für die meisten Menschen zum Jahreswechsel dazuzugehören. Das Kuriose daran: Viele Menschen scheuen diese Veränderungen zu einem anderen Zeitpunkt. Gleichzeitig scheinen sie zu vergessen, dass Wandel zu jeder Zeit an jedem Ort Teil des Lebens ist. Veränderungen geschehen nicht über Nacht. Sie sind ein langer Prozess, der Zeit und Geduld braucht. Unser bestes Vorbild für Veränderungen liefert die Natur selbst. Denken Sie einmal an den Jahreszeitenwechsel. Auch der nächste Winter zieht nicht von einem heißen 30-Grad-Sonnenschein-Tag über Nacht ins Land. Vielmehr ändern sich Temperaturen und Witterungsbedingungen langsam. Die ersten kühlen Tage erfolgen im September, zwischendurch wird es wieder ein paar Tage lang heiß, bevor es abermals merklich abkühlt. Die Regenintensität wird vielerorts zwischen September und November stärker, bis irgendwann der erste Nachtfrost einzieht und der Regen zu Schnee wird. Zwischen den letzten warmen Sommertagen und den ersten bunten Laubblättern ist in kleinen Schritten der Winter eingezogen. Genauso langsam wie er einzog, verabschiedet er sich zwischen Februar und April auch wieder. Dass der Sommer nicht über Nacht auf der Bildfläche erscheint, wissen auch Gärtner und planen viele Aussaaten daher gar nicht erst vor den Eisheiligen im Mai. So wie die Jahreszeiten ständig im Fluss sind, sind auch alle anderen Bereiche des Lebens permanent im Wandel. Lebewesen wachsen, verändern sich, passen sich an die Umgebung an. Menschen lernen neue Menschen kennen, ziehen an andere Orte, lernen neue Fähigkeiten, eignen sich neues Wissen an, gründen Familien und vieles mehr. Wir sind immer in Bewegung – ein Stillstand ist im Leben gar nicht möglich.

Das ganzheitliche Verständnis von Kaizen trifft daher so gut auf das Leben eines jeden Menschen zu. Veränderungen finden an jedem Ort und zu jeder Zeit statt. Das Prinzip von Kaizen passt sich dem natürlichen Verlauf der Dinge an. Es stellt den permanenten Wandel in den Fokus und erinnert daran, dass dieser Wandel zum Besseren geschehen kann – genauso wie wir mit unseren Neujahrsvorsätzen eine Veränderung zum Besseren erschaffen wollen. Kaizen beinhaltet auch den Aspekt der langsamen Veränderungen. Wie auch die natürlichen Wandlungsprozesse Zeit benötigen, braucht der Veränderungsprozess in der Wirtschaftswelt sowie der eines jeden Menschen im Alltag Geduld. In der westlichen Wirtschaftswelt hingegen wird Veränderung meist innerhalb eines kurzen Zeitraumes erstrebt. Unter dem Stichwort *Innovation* versuchen Menschen immer wieder, maximale Veränderung unter minimalem Einsatz von Zeit und Ressourcen zu erzielen. Diese Methoden sind längst nicht so nachhaltig wie Kaizen. Die meisten werden aus ihrem eigenen Alltag bezeugen können, dass Veränderungen in kleinen Schritten wirksamer sind. Das Ablegen von negativen Gewohnheiten, Einsamkeit und Kummer überwinden, berufliche Veränderungen einleiten – das alles benötigt Zeit und viele kleine Schritte. Wer sich zu viel auf einmal vornimmt, scheitert nicht selten an einem Gefühl der Überforderung. Veränderungen benötigen Zeit und Mut. Neue Gewohnheiten etablieren wir am besten über einen langen Zeitraum und Stück für Stück. Wer jeden Tag übt, erzielt die größten Erfolge. Deshalb ist Kaizen so wichtig. Sie kennen das vielleicht vom Erlernen einer Sprache: Jeden Tag zehn Minuten zu sprechen reicht schon aus, um die Kenntnisse aufrechtzuerhalten. Wer hingegen nie spricht, darf keine Meisterleistung erwarten, wenn er von einem Tag auf den anderen eine dreißigminütige Präsentation in der neuen Sprache halten soll. Wer eine neue Routine aufstellen möchte, macht das auch in kleinen Schritten. Viele merken, dass früher aufzustehen schon besser klappt, wenn sich der Körper langsam daran gewöhnen darf. Anstatt den Wecker von einem Tag auf den anderen von acht Uhr auf halb sieben zu verlegen, wagen Sie besser kleine Schritte. Stehen Sie einfach jeden Tag 15 Minuten früher auf als am Vortag – so erreichen Sie die gewünschte Uhrzeit ebenfalls und es ist viel wahrscheinlicher, dass Sie um halb sieben wirklich aus dem Bett kommen. Machen Sie hingegen einen großen Sprung, bleiben Sie vermutlich lieber noch eine Weile im Bett liegen. Möchten Sie einen Marathon laufen, wagen Sie das auch nicht nach den ersten zwei Trainingseinheiten. Sie verbessern Ihr Training kontinuierlich und steigern die Länge der Laufstrecken nach und nach.

Kaizen basiert auf diesem kontinuierlichen Prozess und sorgt dafür, dass positive Veränderungen nachhaltig geschehen. Natürlich scheinen viele Veränderungen trotzdem groß und unsicher. Veränderungen brauchen Mut, weil sie uns aus der Komfortzone werfen. Sie sollten allerdings immer daran denken: Wandlungsprozesse gehören zum Leben dazu – ob Sie wollen oder nicht. Mit Kaizen können Sie diese aber bewusst zum Besseren steuern. Andernfalls verändert sich ein Bereich womöglich in eine Richtung, die Sie gar nicht anstreben. Nehmen Sie Ihre Veränderungen daher lieber selbst Stück für Stück in die Hand.

Den Fluss des Lebens lenken

Sie sind der Erschaffer

Hinter dem Begriff Kaizen steckt die Idee einer kontinuierlichen und nachhaltigen Verbesserung. Möchten Sie dieses Prinzip auf Ihren persönlichen Alltag und Ihre persönlichen Ziele anwenden, müssen Sie in einem ersten Schritt Klarheit darüber schaffen, *was* Sie verbessern wollen und wo Ihre Ziele liegen. Ebenso wichtig ist die Klarheit darüber, *warum* Ihre Ziele gerade dort liegen und nicht an anderen Stellen. Viele wissen gar nicht, was sie sich vom Leben erhoffen. In der modernen Gesellschaft fokussieren wir uns viel zu häufig auf andere Ziele: Ein teures Haus, beruflicher Erfolg, möglichst hohe Qualifikationen, viel Geld, Statussymbole und ein produktiver Alltag – und all das möglichst innerhalb eines kurzen Zeitrahmens. Was wir wirklich wollen, was uns im Leben guttut – daran denken die meisten gar nicht mehr. Wir verlernen, darüber nachzudenken, welche persönlichen Ziele wir verfolgen möchten, unabhängig davon, was die Gesellschaft erwartet.

Überlegen Sie sich einmal, was Ihren Alltag verbessern könnte. Denken Sie dabei an alle verschiedenen Tätigkeiten, die Teil Ihres Alltags sind:

- Beruf:
- Fitness:
- Hobbys:
- Familie:
- Ernährung:
- Wohnraum:
- Weiteres:

Aufgabe 1: Skizzieren Sie hier alle Bereiche aus Ihrem Leben/Alltag im derzeitigen IST-Zustand.

Aufgabe 2: Beantworten Sie folgende Fragen:

Möchten Sie vielleicht etwas Neues lernen?

____

____

____

Haben Sie schon lange ein Ziel im Kopf, an dem Sie jedoch nie arbeiten (beispielsweise das Erlernen einer Fremdsprache oder wie man kocht)?

____

____

____

Was könnte Ihr Selbstwertgefühl steigern?

____

____

____

Was könnte Ihr Wohlbefinden steigern?

____

____

____

Sie haben nun Ihren Ist-Zustand skizziert sowie mögliche Veränderungen aufgezählt, die Sie in Ihren Alltag integrieren möchten/könnten, um sich zu verbessern. Der Einsatz von Kaizen ist nun in all diesen Lebensbereichen möglich. Schließlich geht es bei allem darum, kleine Verbesserungen hervorzurufen, die langfristig große Veränderungen bewirken. Zu Ihren Verbesserungen kommen wir im Laufe des Buches immer wieder zurück, sodass wir gemeinsam Schritt für Schritt mithilfe von Kaizen zu Ihren Zielen gelangen. Ein paar grundlegende Tipps vorab: Fangen Sie mit kleinen Schritten an, Ihr Leben in die Hand zu nehmen. Lassen Sie sich nicht von gesellschaftlichen Erwartungen lenken. Und vor allem: Wagen Sie den ersten Schritt. Der Anfang, der allererste Schritt, ist immer der schwierigste. Haben Sie diesen Schritt gewagt, werden die nächsten immer einfacher werden. Genau deshalb ist Kaizen eine der wirksamsten Methoden: Der erste kleine Schritt bringt Sie auf den richtigen Weg, doch Sie müssen keine Angst davor haben, über Nacht Ihr ganzes Leben umzukrempeln. Denken Sie stets daran, dass Veränderungen sowieso eintreten werden. Sie müssen sich ohnehin darauf einstellen, dass sich Ihr Rhythmus irgendwann in eine unbekannte Richtung bewegen wird. Also warum sollten Sie sich nicht direkt an der Veränderung beteiligen? So können Sie zumindest dafür sorgen, dass die Veränderungen in eine gewünschte Richtung gehen. Suchen Sie keine Ausreden dafür. Nur allzu oft lassen wir Dinge schleifen, weil wir sie vergessen oder weil wir ständig Ausreden finden, die uns davon abhalten. Mit der Kaizen-Methode benötigen Sie weder viel Zeit noch andere große Skills. Sie haben also nicht die Ausrede, dass Sie die Veränderungen nicht in Ihren Alltag unterbringen können.

Beispiel: Viele Menschen würden gerne „gesünder leben". Doch womit fängt man an? Wie lebt man von einem Tag auf den anderen gesünder? Wahrscheinlich fällt Ihnen auch sofort auf, dass Sie nicht wüssten, wie Sie anfangen sollten, da es eine Vielzahl von Möglichkeiten gibt: Fitness, Ernährung, Schlaf, Wasser, Gelenkigkeit – die Liste ist lang. Wenn Sie an ein solches Ziel denken, wählen Sie einen Punkt aus, an dem Sie beginnen möchten. Möglicherweise ist Ihr Gewicht Ihre größte Sorge oder Sie haben absolut keine Ahnung von gesunder Ernährung? Welcher der Punkte könnte Sie auf das Verbessern der anderen Punkte vorbereiten?

Wenn Sie einen Bereich ausgewählt haben – beispielsweise Ernährung – , dann brechen Sie diesen ebenfalls auf kleine Schritte herunter. Zum Thema Ernährung könnten Ihre Verbesserungen unter anderem lauten: mehr kochen, mehr Gemüse essen, mehr vegetarische Kost einbauen, mehr frisches Obst essen, auf zusätzliche Vitamine achten, mehr saisonal und regional essen, mehr ökologisch angebaute Produkte essen, weniger Zucker essen, weniger Fertigprodukte kaufen und vieles mehr.

Wählen Sie einen Unterpunkt und unterteilen Sie ihn nochmals in konkretere Maßnahmen, beispielsweise mehr frisches Obst essen. Überlegen Sie sich eine konkrete Maßnahme, die Sie in Ihren Alltag einbauen können. Beginnen Sie beispielsweise jeden Tag mit einem Stück Obst oder einem Glas Wasser mit frisch gepresstem Zitronensaft. Diese kleine Veränderung ist Ihr erster Schritt. Sie ist konkret und simpel. Sie kostet Sie keine extra Zeit. Sie können die Obsteinnahme einfach mit Ihrem Frühstück kombinieren. Dennoch ist dieser Schritt sehr effektiv, denn er wird Ihnen helfen, eine Gewohnheit aus der Einnahme von frischem Obst zu machen.

Aufgabe:

1. Schreiben Sie Ihre Ziele auf, um nicht zu vergessen, welche Veränderungen Sie sich vornehmen wollen. Sehen Sie sich dazu noch einmal Aufgabe 2 an, um mögliche angestrebte Ziele für sich zu wählen, und teilen Sie diese Ziele in kleine Schritte auf.

Beispiel: gesünder leben – Fitness, Ernährung, Schlaf, Wasser, Gelenkigkeit etc.

- ____________________
- ____________________
- ____________________
- ____________________
- ____________________
- ____________________
- ____________________
- ____________________
- ____________________
- ____________________

• ____
____

• ____
____

• ____
____

• ____
____

• ____
____

• ____
____

• ____
____

• ____
____

• ____
____

Priorisieren Sie erste kleine Schritte – auch wenn Ihnen auf Anhieb tausend Dinge einfallen, die Sie gern verändern wollen würden, und brechen Sie diese wiederum herunter.

Beispiel: gesündere Ernährung – mehr kochen, mehr Gemüse essen, mehr vegetarische Kost einbauen, mehr frisches Obst essen, auf zusätzliche Vitamine achten, mehr saisonal und regional essen, mehr ökologisch angebaute Produkte essen, weniger Zucker essen, weniger Fertigprodukte kaufen und vieles mehr

- ______________________________
- ______________________________
- ______________________________
- ______________________________

2. Überlegen Sie, welche ersten Schritte am sinnvollsten sind, und starten Sie mit Ruhe. Andernfalls überfordern Sie sich möglicherweise. Jedes große Ziel lässt sich in viele kleine Einzelschritte zerteilen. Wählen Sie also wiederum einen Unterpunkt aus 2 aus und überlegen Sie sich konkrete Maßnahmen dazu.

Beispiel: mehr frisches Obst essen – jeden Tag zum Frühstück ein Stück Obst oder ein Glas Wasser mit frisch gepresstem Zitronensaft etc.

- ______________________________
- ______________________________
- ______________________________
- ______________________________
- ______________________________
- ______________________________
- ______________________________
- ______________________________
- ______________________________
- ______________________________

3. Integrieren Sie die Maßnahme in Ihren Alltag.

Beispiel: Machen Sie sich eine Notiz für den nächsten Einkauf, damit Sie daran denken, ausreichend Obst zu besorgen. Wenn Sie möchten, können Sie sogar so weit gehen, dass Sie sonntags bereits festlegen, an welchem Tag Sie was essen möchten: montags ein Glas Zitronenwasser, dienstags einen Apfel, mittwochs eine Handvoll Kirschen usw. – so müssen Sie unter der Woche nicht einmal darüber nachdenken, sondern greifen automatisch zu dem Nahrungsmittel, das für den jeweiligen Tag vorgesehen ist.

- ______________________________
- ______________________________
- ______________________________
- ______________________________
- ______________________________
- ______________________________

Sie erkennen schon: Mit Kaizen ist Veränderung gar nicht mehr so kompliziert und erschreckend, wie Sie bislang gedacht haben.

Dieses Prinzip lässt sich auf jeden Lebensbereich übertragen. Sie möchten gerne mehr Zeit in das Erlernen einer neuen Fähigkeit investieren oder sich regelmäßig weiterbilden? Probieren Sie es zu Beginn mit einem Buch pro Monat. Je nach Ihrem Interesse und Ziel kann es ein Roman oder ein Ratgeber zu einem Thema sein, mit dem Sie sich ohnehin mehr beschäftigen wollten. Ein Buch pro Monat ist nicht viel – Sie lesen einfach jeden Abend vor dem Schlafengehen ein paar Seiten oder nutzen die ersten zehn Minuten nach dem Aufstehen für eine Leserunde. Nutzen Sie die Fahrt zur Arbeit für einen Podcast oder hören Sie einen TED Talk, während Sie das Frühstück vorbereiten. Das Prinzip funktioniert auch im Bereich von Beziehungen und sozialen Kontakten. Sie möchten mehr Zeit mit Ihren Liebsten verbringen? Kleine Schritte können ein freundlicherer Gruß in der Nachbarschaft bis hin zu einer Einladung zum Abendessen sein. Denken Sie an eine einzelne Person: Was könnten Sie tun, um die Beziehung zu dieser Person zu verbessern?

Natürlich führen Sie viele der Schritte aus Ihrer Komfortzone heraus – auch die kleinsten. Doch der kleine Schritt nach vorne ist längst nicht so beängstigend wie der Sprung ins eiskalte Wasser. Und die besten Veränderungen erreichen wir regelmäßig außerhalb unserer Komfortzone. Soziale Bindungen, Fitness und Gesundheit, Weiterentwicklung – in allen Bereichen, in denen Sie positive Veränderungen erfahren, werden Sie sich sicherer und zufriedener fühlen. Also trauen Sie sich und wagen Sie den Schritt nach vorne. Nehmen Sie Ihr Leben wieder selbst in die Hand. Sie werden merken, wie sich das Lebensgefühl verändert, sobald Sie erkennen, dass Sie allein über den Inhalt Ihres Alltags bestimmen. Das Gefühl von Empowerment könnte nicht größer sein! Übrigens ist es nie zu spät für Veränderungen. Bevor Sie also zögern, weil Sie denken, dass Sie eine bestimmte Fähigkeit sowieso nicht mehr lernen können oder dass es für eine bestimmte Aussprache bereits zu spät ist: Das ist ein Irrglaube. Da das ganze Leben durchgehend Veränderungen beschert, ist es nie zu spät, diesen Wandel selbst in die Hand zu nehmen.

Die Methodologie zur Veränderung

Kaizen ist das Rezept zur Veränderung. Das Ziel ist eine kontinuierliche Verbesserung. Genauso wie das Leben ständig im Wandel ist, ist auch bei Kaizen kein Stillstand eingeplant. Da diese Philosophie auf fließenden Wandel und kleine Schritte setzt, ist sie im Vergleich mit anderen Verbesserungskonzepten nicht nur besonders effektiv, sondern auch besonders sanft. Die Gesamtbotschaft lautet ganz klar:

Kein Tag soll vergehen, ohne dass Verbesserungen stattfinden.

Gleichzeitig wird an keinem Tag eine abrupte, extreme Veränderung erwartet. Auf der Seite des Kaizen-Instituts von Masaaki Imai steht als Mission geschrieben:

„Improving the World with Everyone, Everywhere, Every Day – the Kaizen Way".

Zu Deutsch: „Die Welt mit jedem, überall und an jedem Tag verbessern – der Weg des Kaizen". Deutlicher kann man das Motto des Kaizen-Prinzips kaum formulieren.

FOKUS AUF PROZESSE

Anhand der Kaizen-Methodik im Wirtschaftsbereich lässt sich viel über die Philosophie für den Alltag ableiten. Kaizen im Wirtschaftsbereich basiert auf fünf zentralen Grundpfeilern:

1. Prozessorientierung
2. Kundenorientierung
3. Qualitätsorientierung
4. Kritikorientierung
5. Standardisierung

Prozessorientierung

Prozessorientierung meint, dass Kaizen keine *Ergebnisse*, sondern vielmehr die *Prozesse* in den Mittelpunkt stellt. Ein Prozess soll genau dokumentiert und stetig verbessert werden. Die Prozessstandards sollen möglichst hoch sein. Mit dem Fokus auf verbesserte Prozesse erfolgen über kurz oder lang auch verbesserte Ergebnisse. Der größte Wert wird allerdings dem Prozess zugesprochen. Für den Alltag lässt sich aus diesem Prinzip ableiten, dass Sie weniger auf das Endergebnis fokussiert sein müssen. Ihr Weg – der Prozess – dorthin ist wesentlich wichtiger. Hier finden die kleinen Schritte statt, die langfristig das große Ziel erreichen.

Kundenorientierung

Kaizen in der Wirtschaft folgt dem Motto „der Kunde ist König". Die Bedürfnisse und Sorgen des **Kunden** sollen stets im Fokus stehen. Dabei wird zwischen externen und internen Kunden unterschieden. Externe Kunden sind Endverbraucher. Interne Kunden sind Kollegen, beispielsweise einer Zweigstelle. Mitarbeiter sollen den Fokus darauf legen, gemeinsame Problemlösung zu betreiben und in möglichst vielen Fachbereichen ein Verständnis für die Prozesse, deren Abläufe und die kundenspezifischen Bedürfnisse zu entwickeln. Dies soll die Qualität der Arbeit insgesamt aufwerten.

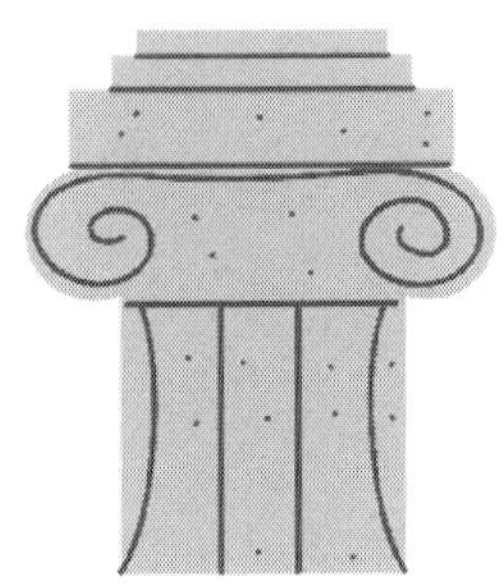

Qualitätsorientierung

Unter dem Punkt der **Qualitätsorientierung** liegen Qualitätskontrollen und Qualitätsstandards. Die Kontrollen sollen regelmäßig stattfinden, um hohe Standards zu sichern. Produkte werden dabei unter aufwändigen und präzisen Verfahren geprüft und bewertet. Eine hohe und immer wieder verbesserte Qualität wird damit überwiegend gewährleistet. Auch aus diesem Punkt können Sie einiges für den Alltag ableiten. Sehr oft können wir Kleinigkeiten in unserer Arbeitsweise, in unserer Routine und in anderen Alltagshandlungen qualitativ verbessern. Überprüfen Sie Ihre Handlungen regelmäßig und schauen Sie, ob Sie hier und da Baustellen finden.

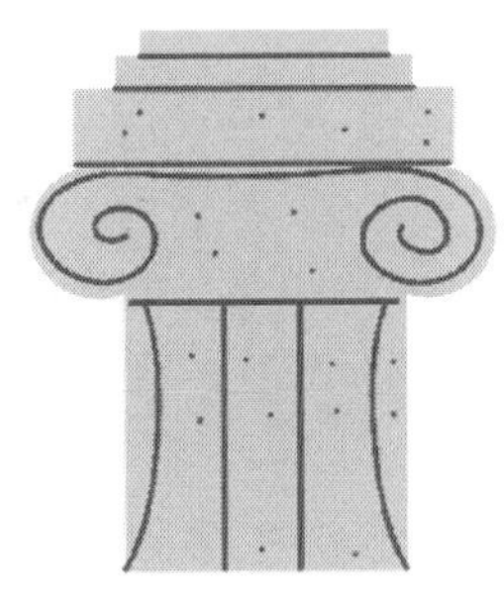

Kritikorientierung

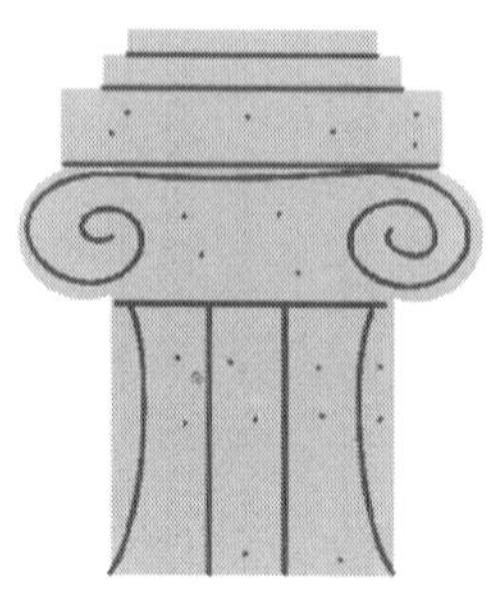

Im Kaizen wird **Kritik** nicht als Belastung gesehen, sondern vielmehr als Chance zur Verbesserung. Sie ist nicht nur erlaubt, sie ist unbedingt erwünscht. Mitarbeiter eines Unternehmens sind daher explizit angehalten, Verbesserungsvorschläge einzubringen. Diese werden später alle auf ihre Brauchbarkeit geprüft. Auf die Art erhält die Firma regelmäßig die Chance zur Verbesserung eines Bereichs. Solche Verbesserungen – auch wenn sie in kleinen Teilbereichen stattfinden – verbessern die Leistung und das Arbeitsklima insgesamt. Wären die einzelnen Mitarbeiter nicht dazu angehalten, Feedback jeder Art einzureichen, würden viele Punkte möglicherweise unberücksichtigt bleiben. Aus dieser Philosophie lernt der Einzelne, dass Kritik einen positiven Effekt hat. Viele Menschen stoßen Kritik schnell von sich – schließlich ist sie oftmals unangenehm. Dabei können wir aus konstruktiver Kritik viel lernen. Es lohnt sich also, beim nächsten Mal aufmerksam zuzuhören, wenn einer Ihrer Mitmenschen Kritik anmerkt. Möglicherweise ist sie genau der Anstoß, den Sie zur Verbesserung einer ganz bestimmten Routine gebraucht haben.

Standardisierung

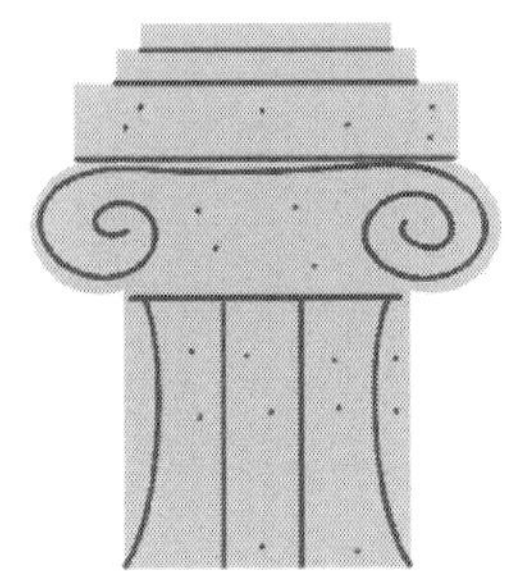

Verbesserungen, die sich als nützlich herausstellen und sich nach einer Probezeit bewähren, sollen als neue **Standards** eingebaut werden. Deshalb ist auch die Standardisierung ein wichtiger Bestandteil des Kaizen. Ein Standard darf immer wieder überarbeitet werden, wenn weitere Verbesserungen notwendig werden.

Allerdings folgt ein vollständiger Verbesserungsprozess stets diesen fünf Grundpfeilern in einem Kreislauf: Zuerst wird ein Blick auf den Prozess geworfen, dann auf die Kundenwünsche. Qualität und Kritik werden berücksichtigt und sobald ein Prozess Kontrollen und Feedbackrunden überstanden hat, erfolgt die Standardisierung. Dann beginnt der Ablauf von vorne.

DAS ZIEL: KONTINUIERLICHE VERBESSERUNGEN ERZIELEN

Damit Kaizen im Arbeitsalltag optimal eingesetzt werden kann, werden bestimmte Tools, also Werkzeuge, angeboten. Diese Werkzeuge sind beispielsweise Verhaltensregeln. Alle Mitarbeiter einer Firma sollen mit diesen Grundlagen vertraut gemacht werden und sich an sie halten. So wird gewährleistet, dass alle auf Grundlage derselben Basis arbeiten. Das Ziel bleibt dabei immer gleich: kontinuierliche Verbesserungen.

Zu den wichtigsten Werkzeugen zählen die sogenannten ‚**3-Mu**‘:

Muda (Verschwendung)

Muri (Überlastung) und

Mura (Abweichung).

Diese drei Mu sollen stets *vermieden* werden, da sie sich nachhaltig auf die Kaizen-Arbeitsweise auswirken. Sie erinnern daran, was Kaizen *gerade nicht* beinhaltet.

Ein weiteres Werkzeug sind die ‚**5S**‘:

Seiri (Sortieren)

Seiton (Systematisieren)

Seiso (Sauberkeit)

Seiketsu (Standardisieren)

Shitsuke (Selbstdisziplin).

Der Begriff 5S kann dabei sowohl für die japanischen als auch für die deutschen Begriffe stehen. Diese 5S sind eine Erinnerung an die Dinge, die Kaizen beinhaltet. Sie dienen der Orientierung und dem effektiven und stressfreien Arbeiten.

Letztlich gehört zu Kaizen in der Wirtschaftswelt auch das ‚**TQM**': Das *Total-Quality-Management*. Dies dient der Überprüfung und Dokumentation aller Prozesse mit Blick auf die Qualitätsplanung. Zu diesen Werkzeugen, insbesondere den 5S und den 3 Mu, werden Sie im Laufe dieses Buches noch mehr erfahren. An dieser Stelle erhielten Sie nur eine grobe Aufstellung dieser, um ein Verständnis für die Methodik von Kaizen zu schaffen.

Vergessen Sie nicht, dass Kaizen fest mit der japanischen Kultur und Mentalität verbunden ist. Viele dieser Elemente, die mit Perfektion und der Vermeidung von Überflüssigem und Überlastendem zu tun hat, ist bereits fest im japanischen Denken verankert, während für westliches Denken oftmals eine Umstellung stattfinden muss. Während wir im Westen die Arbeitsphilosophie erst erlernen und auf unseren Alltag übertragen müssen, sind viele japanische Bürger schon einen Schritt weiter. Aus ihrer Lebensphilosophie und ihrem Gedankengut konnte sich Kaizen überhaupt erst entwickeln. Die Methodik von Kaizen kann jedoch sowohl in der Arbeitswelt als auch im alltäglichen Leben für mehr Motivation, Zufriedenheit und Erfolg sorgen.

Planen

Um Ihren weiteren Lebensweg mit Kaizen zu gestalten, sollten Sie am besten mit einer guten **Planung** beginnen. Wenn Sie einfach von heute auf morgen daran arbeiten möchten, bestimmte Dinge zu verändern, ist das zwar grundsätzlich möglich, aber sehr wahrscheinlich etwas überfordernd. Überlegen Sie sich lieber genau im Vorfeld, wo Ihre Probleme liegen und welche Ziele Sie langfristig erreichen wollen. So können Sie einen möglichst klaren Plan aufstellen und viel effektiver an Ihrem weiteren Weg arbeiten.

MEIN THEMA (AN)ERKENNEN

Als Erstes sollten Sie Ihr Thema erkennen und anerkennen. Werden wirtschaftliche Probleme mit Kaizen angegangen, geschieht dies zunächst auf Basis einer Problemfindung.

In welchen Bereichen spielen sich die Probleme ab?
Welche Themen müssen analysiert werden?
Welche Themen müssen als Erstes behandelt werden?

Gehen Sie zunächst tief in sich hinein und versuchen Sie, sich mit sich selbst zu befassen. Wo liegen Ihre Themenschwerpunkte? Möglicherweise haben Sie vor allem Stress, Ihren Beruf und Ihren privaten Alltag unter einen Hut zu bekommen? Vielleicht plagen Sie überwiegend Sorgen im sozialen Umfeld? Oder Sie haben das Gefühl, dass Sie viel zu wenig Zeit in Dinge investieren, die Ihnen guttun (beispielsweise Sport oder gute Ernährung). Schreiben Sie die ersten größten Bereiche auf, die Ihnen einfallen:

____

____

____

____

____

____

____

Überlegen Sie sich nach einem ersten Brainstorming genau, an welchen Bereichen Sie zuerst arbeiten möchten, und markieren Sie diese farbig. Bereiten Sie sich innerlich darauf vor, Probleme mit Kaizen anzugehen – nehmen Sie sich jedoch unbedingt ausreichend Zeit für die erste Phase. Oftmals arbeiten wir an den falschen Stellen, weil wir uns für die echten

Sorgen schämen oder nicht intensiv genug darüber nachgedacht haben, wo sich unsere größten Schwierigkeiten befinden. Je intensiver Sie sich mit sich selbst beschäftigen und je ehrlicher Sie zu sich selbst sind, desto erfolgreicher wird Ihr Weg mit Kaizen sein. Übrigens ist es vollkommen in Ordnung, wenn Ihre Themen Ihnen „simpel" erscheinen. Sie müssen keine komplexen Weltprobleme bearbeiten, um Ihren Weg mit Kaizen zu finden. Scheinbar „simple" Sorgen, wie „Schwierigkeiten mit einem gesunden Schlaf", „kaum Work-Life-Balance" oder „geringes Selbstvertrauen", sind vollkommen ausreichend. Schließlich wollen Sie mit Kaizen lernen, *Ihren* persönlichen Lebensweg zu finden. Also müssen Sie auch genau an den Baustellen arbeiten, die für Sie gerade relevant sind.

PROBLEME ABGRENZEN & ANALYSIEREN

In der Wirtschaftswelt beginnt der Weg mit Kaizen mit einer genauen **Problemanalyse**. Nachdem geklärt wurde, in welchen Teilbereichen im Unternehmen gearbeitet werden muss, werden die exakten Probleme analysiert. Dieser Schritt ist unumgänglich, da ansonsten nicht die richtigen hilfreichen Schritte eingesetzt werden können.

Ein Beispiel: Nehmen wir an, ein Unternehmen leidet an einer schlechten Firmenkultur. Dies zeichnet sich insbesondere dadurch aus, dass die Firmenkultur veränderungsresistent ist. Versucht das Unternehmen nun, die Firmenkultur dadurch zu verändern, dass mehr teambildende Maßnahmen eingesetzt werden sollen, wird das kaum den gewünschten Erfolg haben. Die Maßnahmen müssen gezielt an die tatsächlichen Probleme anknüpfen, um Erfolg zu haben. Alles andere hat eine reine Ressourcenverschwendung zur Folge. Im Wirtschaftsbereich wird auf die Art außerdem vermieden, einzelnen Mitarbeitern die Schuld zuzuweisen und Fehler dort zu suchen, wo keine sind.

Genau wie im Wirtschaftsbereich ist es auch für Sie wichtig, im Alltag zunächst nach den genauen Problemen zu suchen. Versuchen Sie, die Schwierigkeiten so gut es geht einzugrenzen. Wo genau könnten Sie Verbesserungen erwirken? Welche Dinge sollten anders laufen?

Beispiele: Vielleicht haben Sie das Gefühl, Ihre Allgemeinbildung ist nicht so hoch, wie sie sein sollte? Oder Sie haben abends vor lauter Stress am Tag ständig Probleme beim Einschlafen und sind dadurch am nächsten Tag müder und noch gestresster? Was immer es ist – versuchen Sie, Ihre Probleme so genau wie möglich zu definieren und voneinander abzugrenzen. Probieren Sie, einen Themenbereich – beispielsweise gesunder Schlaf – in Probleme einzuteilen. Probleme könnten beispielsweise lauten:

Thema: ‚Gesunder Schlaf'

1. Problem: Einschlafprobleme

2. Problem: Mehrfaches Aufwachen in der Nacht

Schreiben Sie hier mindestens zwei Themen nieder, an denen Sie arbeiten möchten, und definieren Sie die genauen Probleme:

Thema: 1:

Probleme:

Thema: 2:

Probleme:

Gerne können Sie dies für zahlreiche andere Themenbereiche durchführen. Schreiben Sie alles auf, was Ihnen einfällt.

URSACHEN IDENTIFIZIEREN

Haben Sie Ihre Probleme klar identifizieren können, geht es darum, die **Ursachen** zu finden. Was genau sind die Auslöser für die spezifischen Probleme? Vielleicht fällt Ihnen eine Ursache sofort ein, möglicherweise müssen Sie aber auch länger nachdenken. Es ist keine Seltenheit, dass wir die eigentliche Ursache eines Problems nicht kennen. Woran könnte es beispielsweise liegen, dass Ihre Allgemeinbildung auf der Strecke geblieben ist? Was ist die Kernursache für die Schlafschwierigkeiten am Abend? Es könnten theoretisch viele sein: Ihr Körper könnte beispielsweise durch Bewegungsmangel nicht ausgepowert sein oder aber Ihre Gedanken kreisen ständig um die To-do-Liste des nächsten Tages. Die Ursachenanalyse darf ruhig etwas Zeit beanspruchen, denn je genauer Sie die Ursachen Ihrer Probleme kennen, desto gezielter können Sie diesen entgegenwirken. Bevor Sie mit der ersten Übung beginnen, hier eine Hilfe:

Im Qualitätsmanagement kennt man für die Ursachenanalyse die sogenannte **5-Whys-Methode**, auch 5-W-Methode genannt. Der Begriff kommt aus dem Englischen und bedeutet „5 Warums“ (insofern passt die Abkürzung 5-W sowohl zu dem deutschen als auch zu dem englischen Namen). Die Methode funktioniert nach einem simplen Prinzip: Sie wählen ein Problem aus und stellen fünf „Warum“-Fragen, um die Ursache zu ermitteln. Damit soll einerseits die Ursache gezielt und tief genug analysiert werden, andererseits soll auch vermieden werden, dass die Analyse zu tief geht und in einer Endlosschleife resultiert. Allerdings dienen die fünf Fragen dabei nur als Richtwert. Sie sollen eine Orientierung dafür vermitteln, dass oftmals mehrere Fragen notwendig sind, um den Kern der Problemursache zu finden. Gleichzeitig soll der Anwender daran erinnert werden, dass das Nachfragen an der richtigen Stelle gestoppt werden darf. Die Ursachenanalyse kann mit der 5-W-Methode auch auf Kaizen im Alltag übertragen werden. Ein Beispiel dafür sieht so aus:

Problem: „Ich kann nachts nicht einschlafen."
Warum 1: „Warum kann ich nachts nicht einschlafen?"
Antwort: „Weil ich mich nicht müde fühle, sondern hellwach im Bett liege."
Warum 2: „Warum bin ich nicht müde?"
Antwort: „Ich habe meinen Körper nicht ausgelastet und habe viel zu viel Energie."
Warum 3: „Warum habe ich meinen Körper nicht ausgelastet?"
Antwort: „Ich hatte vor der Arbeit keine Zeit für ein Workout und danach war ich zu müde."
Warum 4: „Warum hatte ich vor der Arbeit keine Zeit für ein Workout?"
Antwort: „Weil ich mir den Wecker so gestellt habe, dass ich gerade nur Zeit fürs Frühstück hatte."
Warum 5: „Warum habe ich den Wecker nicht früher gestellt?"
Antwort: „Weil ich dann keine sieben Stunden Schlaf mehr bekommen hätte."

Nach diesen fünf Fragen haben Sie womöglich eine Lösung parat: Sie könnten sich den Wecker zum Beispiel früher stellen, wenn Sie ein wenig früher ins Bett gehen. Eine halbe Stunde kann für ein Workout schon locker ausreichen. Auf die Art erhalten Sie sieben Stunden Schlaf und haben trotzdem ausreichend Zeit am Morgen. Möglicherweise sind Sie am nächsten Abend schon müder und können besser einschlafen.

Natürlich wird es auch Situationen geben, in denen Sie bereits nach zwei oder drei Fragen am Ziel sein werden. Dann wiederum werden Ihnen Situationen begegnen, in denen Sie deutlich mehr als fünf Fragen stellen müssen, bis Sie den Kern der Ursache entschlüsselt haben. Egal, wie lange es dauert: Wichtig ist, dass die Ursache genau identifiziert wird und nicht weiter aufgeteilt werden kann. Haben Sie die Ursache erkannt, können Sie an ihr arbeiten.

Denken Sie auch daran, dass die weiteren Fragen direkt von Ihren Antworten abhängen. Die wiederum werden sich je nach Frage unterscheiden. Nicht jedem Menschen fallen zu jeder Zeit genau die gleichen Fragen ein. Vielmehr ist es eine kleine Kunst für sich, gute und hilfreiche W-Fragen zu formulieren. Lassen Sie sich also nicht verunsichern und üben Sie fleißig weiter. Wenn Sie diese Methode regelmäßig anwenden, werden Sie schnell den Dreh raushaben. Fangen Sie direkt mit ein paar Analysen an:

Problem 1:

____

W-Fragen:

____

____

____

____

____

____

Problem 2:

____

W-Fragen:

____

____

____

____

____

____

____

____

ZIEL DEFINIEREN

Nachdem Sie auch die Ursache Ihres Problems erkannt haben, wird es Zeit, einen Blick auf das **Ziel** zu werfen.

Welches konkrete Ziel möchten Sie langfristig erreichen?

Denken Sie jetzt ruhig weit und versuchen Sie, den Idealzustand zu manifestieren.

Wo genau wollen Sie hin?

Wie lange es dauern wird, das Ziel zu erreichen, ist an dieser Stelle irrelevant.

Zum vorherigen **Beispiel** könnte das Ziel lauten: „Ich möchte abends regelmäßig problemlos einschlafen können. Das bedeutet, ich will nicht länger als fünf Minuten wach mit geschlossenen Augen im Bett liegen." Natürlich werden Sie nicht wirklich die genaue Zeit messen, die Sie noch wach im Bett liegen. Aber eine genaue Formulierung wird Ihnen helfen, Ihr Ziel klarer ins Auge zu fassen. Andernfalls fragen Sie sich (bewusst oder unbewusst), was genau „problemlos einschlafen" bedeutet. Definieren Sie Ihre Ziele also stets so konkret, wie es Ihnen nur möglich ist.

In vielen Branchen wird für die Zielsetzung die sogenannte **SMART-Methode** eingesetzt. Mit dieser Methode sollen Ziele besonders effektiv erarbeitet werden. SMART steht für:

Spezifisch

Messbar

Attraktiv

Realistisch

Terminiert

Spezifisch

Ziele sollen demnach möglichst *spezifisch*, also konkret formuliert werden. Vage Ziele werden selten erreicht.

Messbar

Sie sollen außerdem *messbar* sein.

Wenn Sie beispielsweise als Ziel aufschreiben, dass Sie besser im Laufen werden wollen, ist das nur schwierig zu messen. Ab wann sind Sie „besser" geworden? Wann verbuchen Sie einen Erfolg? Wenn Sie das Gefühl haben, etwas schneller zu sein oder länger durchzuhalten? Doch wie viel länger möchten Sie durchhalten? Sie sehen – solche Erfolge sind schwer zu verbuchen. Entsprechend lässt sich oftmals nur schwer Motivation finden, lange durchzuhalten. Besser wäre es, ein Ziel genau zu definieren, beispielsweise, einen 5-Kilometer-Lauf durchzuhalten. Das ist messbar, demnach können Sie konkret darauf hinarbeiten. Sie wissen außerdem, dass Sie Ausdauer trainieren, nicht speziell die Zeit.

Attraktiv

Ziele sollen weiterhin *attraktiv* sein. Je attraktiver ein Ziel ist, desto besser werden Sie durchhalten, um es zu erreichen. Suchen Sie sich also Ziele, für die Sie ernsthaft Motivation aufbringen können.

Realistisch

Außerdem sollen Ziele stets *realistisch* sein. Denn nur so werden Sie den Erfolg innerhalb eines Zeitraumes realisieren, in dem Sie motiviert bleiben.

Wer noch nie laufen gegangen ist, wird als Ziel nicht den Marathon innerhalb von zwei Monaten haben. Ein 5-Kilometer-Lauf ist viel einfacher und schneller zu erreichen. Entsprechend bleibt die Motivation besser erhalten. Nach diesem ersten Erfolg wird das nächste Ziel höher gesteckt.

Terminiert

Letztlich sollte ein Ziel *terminiert* sein, damit Sie an der Stange bleiben. Haben Sie ein festes Enddatum, ist es schwierig, Ausreden zu finden, das Training zu unterbrechen oder eine neue Routinehandlung auf den nächsten Tag zu verschieben. Schließlich geben Sie sich selbst sozusagen eine Deadline.

Klar definierte Ziele machen die Umsetzung eines jeden Plans um ein Vielfaches einfacher. Sie bleiben motivierter und werden damit deutlich höhere Erfolgschancen haben. Bevor Sie sich auf Ihren Weg mit Kaizen begeben, sollten Sie sich also in Ruhe hinsetzen und Ihre Ziele durchdenken.

Wo möchten Sie langfristig hin
und welche Zwischenziele helfen Ihnen auf dem Weg?

Fangen Sie ruhig mit langfristigen Zielen an, wenn Ihnen das leichter fällt. Brechen Sie diese Ziele dann einfach auf mehrere Teilziele herunter und starten Sie mit den ersten kleinen Schritten. Oder denken Sie direkt an kleine Veränderungen, wenn Ihnen das leichter fällt. Sobald Sie ein paar Veränderungen auf dem Plan und irgendwann erreicht haben, wird Ihnen auch das Planen langfristiger, großer Ziele leichter fallen. Probieren Sie es einmal aus: Formulieren Sie zu einem Ihrer zuvor aufgeschriebenen Probleme und Ursachen ein SMARTes Ziel. Machen Sie sich Notizen zu den einzelnen Punkten des SMARTen Ziels und schreiben Sie auf, inwiefern Ihr Ziel das jeweilige Kriterium erfüllt (beispielsweise „terminiert“ = „bis zum 01. Januar 2023“):

Problem:

SMARTes Ziel:

Spezifisch:

Messbar:

Attraktiv:

Realistisch:

Terminiert:

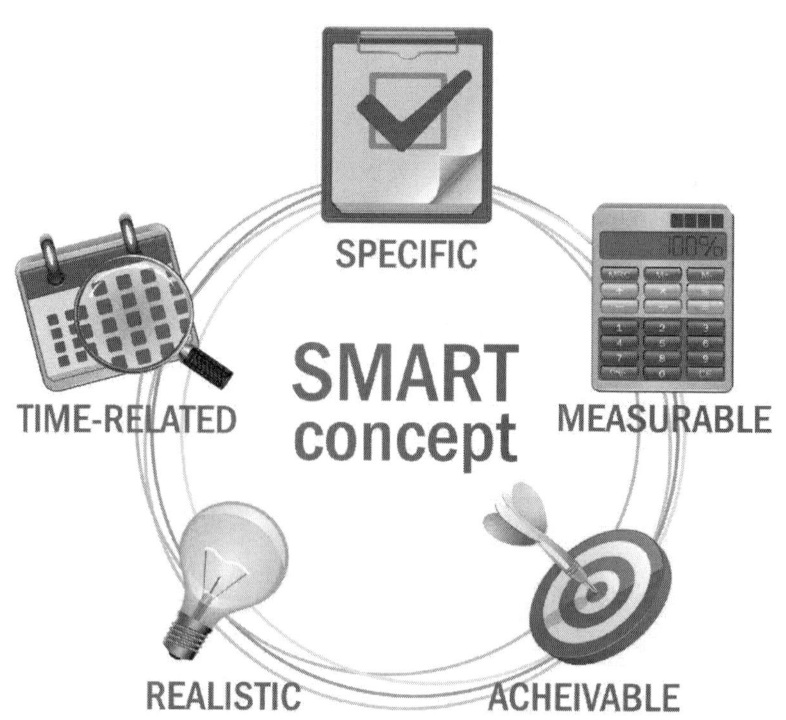

UMSETZUNG PLANEN

Haben Sie Ihre Ziele genau definiert, geht es endlich an die Umsetzung. Auch die Umsetzung sollte sorgfältig geplant werden. Stellen Sie einen möglichst gezielten Plan auf und folgen Sie ihm. So vermeiden Sie, dass Sie sich täglich an unnützen Handlungen versuchen. Je besser die Umsetzung geplant ist, desto einfacher wird sie. Ihre Planung sorgt nämlich dafür, dass Sie sich Ihre Schritte genau überlegen können. Sie bekommen Gelegenheit, sich klare Gedanken darüber zu machen, wie realistisch die nächsten Schritte sind.

Kleine Veränderungen, die schnell in Angriff genommen werden können, sollten Sie möglichst zeitnah beginnen. Überlegen Sie sich daher, welche Schritte Sie als Erstes durchführen können und mit welchen Veränderungen Sie effektiv und effizient Ihren Weg starten können. Viel Zeit und Energie in schwierige Prozesse zu stecken, ist nicht immer die beste Art, einen neuen Lebensstil einzuführen. Kaizen widmet sich nicht ohne Grund den kleinen, kontinuierlichen Schritten. Denken Sie also daran, dass Ihre ersten Veränderungen ruhig leicht umsetzbar sein dürfen – wenn nicht sogar sein sollen. Vergegenwärtigen Sie sich regelmäßig, welchen Unterschied diese kleinen Veränderungen machen. Überlegen Sie sich bereits vor Beginn, wie Sie während der Umsetzungsphase immer wieder daran erinnert werden können. Wird Kaizen in einem Unternehmen umgesetzt, denken viele der Mitarbeiter auch nicht sofort daran, dass ihre kleinen Veränderungen große Auswirkungen haben. Man sieht und spürt die Auswirkungen schließlich nicht immer sofort. Langfristig machen sie in der Regel sogar sehr große Unterschiede. Daher ist das Dokumentieren im Unternehmen oftmals eine beliebte Art, die Auswirkungen der kleinen Veränderungen zu präsentieren (beispielsweise in Berichtform). Zur Planung der Umsetzung gehört daher auch ein Plan darüber, wie Sie sich die Auswirkungen Ihrer Veränderungen vor Augen halten. Sie könnten zum Beispiel eine Art Tagebuch anfertigen oder eine Art

Wochen-Journal. Dort schreiben Sie beispielsweise jeden Montag den Ist-Zustand eines Bereiches nieder, den Sie verändern möchten. So können Sie nach ein paar Wochen zurückblättern und sehen, wie weit Sie schon gekommen sind. Gleichzeitig helfen Ihnen solche Methoden, den Überblick über die wirkungsvollsten Veränderungen zu behalten. Letztlich hilft Ihnen der Blick zurück und das Betrachten des Fortschrittes auch, zu erkennen, wo noch reichlich Verbesserungsbedarf vorhanden ist. So können Sie gezielter dort ansetzen, wo Sie noch mehr Veränderungen benötigen.

Umsetzen

Nachdem Sie die Planung beendet haben, geht es endlich an die Umsetzung. Wie bereits im Kapitel Planung angesprochen, sollte auch die Umsetzung gut durchdacht und geplant sein. Wie Ihnen das über einen längeren Zeitraum hinweg am besten gelingt und wie die Umsetzung besonders erfolgreich gestaltet werden kann, lernen Sie in diesem Kapitel.

UMSETZUNG KOORDINIEREN

Auch die Umsetzung einer jeden Idee muss neu koordiniert werden. Überlegen Sie sich intensiv, mit welchen Schritten Sie an Ihr Projekt Kaizen herangehen wollen, und planen Sie kleinschrittige Veränderungen. Sorgen Sie für eine angenehme Umgebung und Atmosphäre, um die Umsetzung einfacher zu gestalten. Sie können beispielsweise kleine Erinnerungszettel schreiben, um eine neue Routine im Blick zu behalten. Außerdem sollten Sie dafür sorgen, dass die Umsetzung Ihrer Routine so einfach wie möglich ist. Verhaltensveränderungen kosten Überwindung. Machen

Sie es sich deshalb ruhig bequemer. Wenn Sie beispielsweise mehrfach die Woche laufen gehen wollen, legen Sie sich die Laufklamotten abends bereits raus, sodass sie nach dem Aufstehen schon bereitliegen.

Wenn Sie mit Yoga beginnen wollen, legen Sie die Yogamatte direkt neben das Bett. Sie müssen dann nur noch zwischen Bett und Matte wechseln. Legen Sie Ihre Sprachbücher auf die Fernsehzeitung oder auf die Fernbedienung. Kurzum: Machen Sie sich den Schritt so einfach wie möglich und gestalten Sie Ihr Umfeld so, dass Sie gar nicht erst in Versuchung geraten, etwas anderes zu machen.

Kleine Veränderungen wie diese haben große Effekte und helfen dabei, einen neuen Weg erfolgreich zu beschreiten. Eine andere Idee ist das Nutzen einer alten Routine für das Aufbauen einer neuen. Überlegen Sie sich dafür einfach, wie Sie Ihre neuen Verhaltensmuster in bereits bestehende Routinen einbauen könnten. Welche Morgenroutine haben Sie derzeit? Sicherlich fallen Ihnen sofort ein paar Dinge ein, die Sie jeden Morgen mehr oder weniger gleich machen, auch wenn Sie dies nicht sofort als bewusste Morgenroutine bezeichnen würden. Viele Menschen gehen beispielsweise nach dem Aufstehen direkt ins Bad, waschen sich das Gesicht, putzen die Zähne und stellen anschließend die Kaffeemaschine an.

Wenn Ihnen ein paar Dinge Ihres Morgens einfallen, erkennen Sie sicherlich, dass Sie unbewusst auch eine Art Routine haben. Diese Routinen können Sie nutzen. Denn an den bisherigen Ablauf hat sich Ihr Gehirn bereits gewöhnt. Das Umsetzen funktioniert automatisch und bedeutet keine extra Arbeit. Wenn Sie in diesen Ablauf eine neue Sache einbauen, kann dies das Umsetzen von Veränderungen viel leichter machen als das Starten einer vollkommen neuen Routine.

Bauen Sie beispielsweise 15 Minuten Sprachkurs direkt zwischen Kaffee und Anziehen ein oder fahren Sie wie immer mit dem Bus zur Arbeit, steigen Sie aber eine Station früher aus, um mehr Bewegung einzubauen. Oder Sie wechseln zu einem Podcast, anstatt Musik zu hören. Nutzen Sie die Zeit zwischen Zähneputzen und Kaffee für ein wenig Stretching – oder bauen Sie Dehnübungen während der Wartezeit auf Ihren Kaffee ein. Alles, was Sie verbinden oder einbauen können, ist wesentlich leichter, als von Neuem zu beginnen.

Denken Sie daran, dass Veränderungen sehr schwerfallen können. Unser Gehirn nimmt Veränderungen häufig als Warnsignal wahr. Neue Dinge bringen viele unbekannte Folgen mit sich und das Gehirn muss erst einmal einschätzen, ob dies gut oder schlecht ist. Sind die Veränderungen sicher oder gar gefährlich? Deshalb sprechen wir auch von unserer Komfortzone, wenn wir einen bereits bekannten Verhaltensraum meinen. Wir kennen dies und fühlen uns wohl. Was neu und unbekannt ist, ist erst einmal potenziell gefährlich. Viele Menschen haben deshalb Angst vor Veränderungen. Auch wenn Sie derartige Bedenken nicht bewusst wahrnehmen, kann es sein, dass Ihr Gehirn damit beschäftigt ist.

Nervensignale und Hormone können dafür sorgen, dass Sie etwas als unangenehm empfinden, ohne sich darüber im Klaren zu sein, warum. Dies ist ein Grund mehr, die Umstellung so angenehm und bequem wie möglich zu gestalten. Sorgen Sie für eine angenehme und einfache Atmosphäre, wird Ihr Gehirn keine vollkommen fremde Situation wahrnehmen und die Warnsignale halten sich in Grenzen. Außerdem hilft das Wissen über diese Mechanismen bei der Umsetzung. Wenn Sie sich regelmäßig daran erinnern, dass Ihr Körper Sie nur vor unangenehmen und potenziell gefährlichen Veränderungen warnen will, können Sie sich leichter sagen, dass dies hier gerade nicht notwendig ist. Erinnern Sie sich daran, dass Sie bewusst eine gute Verhaltensveränderung herbeiführen möchten. Denken Sie daran, dass Ihr Körper es gut mit Ihnen meint, und beruhigen Sie ihn.

Zur Koordinierung der Umsetzung gehört auch, dass Sie sich nicht allzu viel auf einmal vornehmen. Planen Sie nur eine Veränderung zur gleichen Zeit. So überfordern Sie Ihr Gehirn nicht direkt mit großen Schritten. Einfache und schrittweise Veränderungen sind vollkommen im Sinne des Kaizen. Erstellen Sie einen Plan darüber, welche Veränderung als Nächstes dran ist. Mehr zur Planung einzelner Schritte haben Sie bereits im vorherigen Kapitel gelesen. Erinnern Sie sich regelmäßig daran oder blättern Sie zurück, wenn Sie sich die Tipps nochmals ansehen möchten. Die wichtigsten Tipps zur Koordinierung der Umsetzung lauten:

1. Gehen Sie kleine Schritte.
2. Gehen Sie den einfachen Weg.
3. Nutzen Sie alte Routinen.
4. Erschaffen Sie eine angenehme Atmosphäre.
5. Erinnern Sie sich an die neuen Routinen, beispielsweise mit Notizzetteln oder indem Sie die Sportschuhe direkt neben das Bett stellen.
6. Nehmen Sie sich Zeit und bleiben Sie gelassen.

ZIELE & ERGEBNISSE GESTALTEN

Das Dokumentieren und Visualisieren der Ergebnisse kann unglaublich wirkungsvoll sein. Wer sich seine Ergebnisse regelmäßig vor Augen führt, erzielt häufiger noch bessere Ergebnisse, da dies die Motivation steigert. Das Gehirn fokussiert sich außerdem zusätzlich auf die Ziele, sodass Dopamin ausgeschüttet wird. Dopamin ist auch als Glücks- oder Antriebshormon bekannt. Es gehört zu den entscheidenden Botenstoffen im menschlichen Organismus für Motivation und Wohlbefinden. Wenn der Körper Dopamin ausschüttet, steigt die innere Antriebskraft, sodass es leichter fällt, aktiv zu werden. Mit anderen Worten: Ist Ihr Dopaminspiegel hoch, fällt es Ihnen leichter, Ihre Ziele zu verfolgen. Visualisierungen führen dem Gehirn die Wünsche und Träume so intensiv vor Augen, dass dies zu einer erhöhten Dopaminausschüttung führen kann. Das wiederum sorgt dafür, dass der Antrieb und die Motivation wachsen.

Unter einer ‚**Visualisierung**' versteht man das Veranschaulichen oder bildliche Darstellen einer Idee, eines Projektes oder eines Wunsches. Visualisierungen sorgen dafür, dass das Gehirn eine konkrete bildliche Vorstellung zu einer Sache erlangt. Die Visualisierung kann gedanklich geschehen oder mit festen Materialien.

Visualisierung von Zielen

Das Visualisieren der Ergebnisse geschieht vor der Umsetzung. Visualisierungen dienen der Motivationssteigerung und der Fokusausrichtung. Sie helfen dabei, den Fokus immer wieder auf die wichtigen Dinge und die eigentlichen Ziele zu lenken. Zwei der weit verbreitetsten Möglichkeiten einer Visualisierung sind Meditationen und sogenannte Vision Boards (zu Deutsch: Visions-Tafeln).

Innerliches Visualisieren: Meditatives Visualisieren

Viele Meditationen beginnen oder enden mit einer Visualisierung. Dabei werden Ziele innerlich manifestiert und vor Augen geführt. Meditative Visualisierungen rufen Vorstellungsbilder imaginativ hervor. In vielen traditionellen Meditationstechniken gibt es mehrere Visualisierungsaspekte. Viele Menschen beginnen eine Meditation damit, dass Sie an eine Art göttliches Licht denken. Dies zu visualisieren, kann für ein Gefühl des Gesegnet-Werdens oder des Kraftschöpfens sorgen. Effektiver für die Umsetzung einer neuen Routine sind Meditationen, die die Visualisierung bestimmter Ziele oder Wege als Hauptthema beinhalten. Dann wiederum gibt es Meditationstechniken, in denen nur das Ende der Meditation eine Visualisierung beinhaltet oder aber die Visualisierung des Beginns (beispielsweise das göttliche Licht) wieder aufnimmt.

1. Visualisierungs-Übung:

Setzen Sie sich an einen ruhigen Ort, an dem Sie ungestört sind. Sie können auf einem Stuhl, einem Meditationskissen oder auch auf dem Boden sitzen. Versuchen Sie, möglichst aufrecht und bequem zu sitzen. Einige Menschen bevorzugen das Gefühl auf einem Stuhl, da sich dabei beide Füße auf dem Boden befinden. Der Kontakt zur Erde kann die Intensität der Ruhe fördern.

Schließen Sie die Augen und nehmen Sie ein paar tiefe Atemzüge. Zählen Sie sowohl beim Ein- als auch beim Ausatmen mindestens bis vier. Versuchen Sie, die Atemzüge gleichmäßig zu nehmen. Spüren Sie in Ihren Körper hinein, wo Sie Ihre Atmung fühlen können. Nach ein paar tiefen Atemzügen beginnen Sie mit der Visualisierung. Wählen Sie einen kleinen Lebensaspekt, den Sie verändern möchten.

Wie sieht Ihre Idealvorstellung dieser Veränderung aus?

Beispielsweise könnten Sie sich einen 10-Kilometer-Lauf erfolgreich beenden sehen. Stellen Sie sich dieses Gefühl ganz intensiv vor und versuchen Sie, möglichst intensive Bilder vor Ihrem inneren Auge zu sehen. Sie laufen die Straßen Ihres Heimatortes entlang. Menschen stehen an der Seite und jubeln. Sie sehen die Ziellinie und setzen noch einmal zum Sprint an. Sie überholen sogar noch zwei andere Läufer vor Ihnen und fliegen nahezu über die Ziellinie. Spüren Sie das Adrenalin? Jemand reicht Ihnen eine Teilnehmer-Medaille und Sie greifen eine Flasche Wasser am Stand. Ein guter Freund kommt auf Sie zu und beglückwünscht Sie. Die ganze Situation sollte möglichst lebhaft und positiv gestaltet werden.

Sobald Sie das Gefühl haben, die Situation möglichst intensiv visualisiert zu haben, fahren Sie langsam wieder ins Hier und Jetzt zurück. Nehmen Sie erneut einige tiefe Atemzüge und konzentrieren Sie sich auf Ihr Körpergefühl. Sobald Sie sich wieder bereit dafür fühlen, öffnen Sie die Augen. Herzlichen Glückwunsch: Ihre erste Visualisierung war erfolgreich!

Visualisierungen nehmen viele Menschen täglich bewusst vor – leider nicht immer in der besten Art und Weise. Sicherlich kennen Sie auch Situationen, die Sie nervös machen und vor denen Sie sich vor Augen führen, was alles schiefgehen könnte. Wer beispielsweise Angst vor einem Telefonat hat, spielt in Gedanken häufig durch, in wie vielen Wegen dieses Telefonat unangenehm werden könnte. Dieses gedankliche Durchspielen aller Worst-Case-Szenarien sorgt häufig dafür, dass die Nervosität steigt und das Telefonat wirklich unglücklich verläuft. Durch die hohe Anspannung beginnt man womöglich, zu stottern, oder verspricht sich häufig, was wiederum zu noch größerer Nervosität führt. Der Teufelskreis ist schwer zu durchbrechen, schließlich erinnert sich eine solche Person vor dem nächsten Telefonat an all die Dinge, die beim letzten Mal schiefgegangen sind. Selbst wenn man in Gedanken durchspielt, was man auf welche Fragen antworten könnte, gleicht das einer Visualisierung. Leider führt auch das dazu, dass einem häufig schnell alle möglichen unangenehmen Fragen und Reaktionen einfallen. Probieren Sie daher ruhig mal das Gegenteil aus und gehen Sie bewusst einen positiven Verlauf einer solchen Szene durch.

2. Visualisierungs-Übung:
Nehmen Sie sich direkt eine Übung vor. Welche Alltagssituation fällt Ihnen normalerweise schwer? Sind es Telefonate oder das Beschweren über kaltes Essen im Restaurant? Ist es Ihnen unangenehm, einen Fremden nach dem Weg oder einer anderen Information zu fragen? Was immer Ihnen einfällt: Nehmen Sie sich einen Moment Zeit und überlegen Sie sich, wie ein positives Szenario ausfallen könnte. Denken Sie zu Beginn gar nicht an die potenziell negativen Reaktionen. Schließen Sie bei dieser Übung gerne die Augen und stellen Sie sich so bildlich wie möglich vor, wie die Situation verlaufen könnte.

Haben Sie mit dieser Übung mehr Routine, können Sie den Schwierigkeitsgrad erhöhen. Visualisieren Sie die gleiche Situation, dieses Mal bauen Sie jedoch eine unangenehme Komponente ein. Es könnte beispielsweise sein, dass der Passant sehr unhöflich ist oder dass jemand am Telefon eine unverschämte Frage stellt. Vielleicht haben Sie an einen Vortrag auf der Arbeit gedacht – dann könnte es passieren, dass jemand eine unangenehme Zwischenfrage stellt oder laut dazwischenredet. Was immer es ist, das Ihnen in der von Ihnen gewählten Situation Angst macht: Visualisieren Sie eine dieser Komponenten und – dies ist der entscheidende Teil – visualisieren Sie, wie Sie dieses Problem einfach lösen. Sie wehren den unhöflichen Kommentar des Passanten mit einem lächelnden „trotzdem vielen Dank“ ab, beantworten die Frage mit Witz und Charme oder bitten den Kollegen freundlich, ruhig zu bleiben. Die Situation gestaltet sich als freundlich und warm, sie lösen den Konflikt geschickt. Visualisieren Sie auch dies mehrere Male, damit Sie mehr Übung darin erhalten.

Haben Sie solche Visualisierungen häufiger unternommen, werden Sie merken, dass Sie mutiger und selbstbewusster auf solche Situationen zugehen können. Übrigens ist es vollkommen egal, wie lange Sie visualisieren. Ob fünf Minuten oder eine halbe Stunde – setzen Sie sich in Ruhe hin und nehmen Sie sich so viel Zeit, wie Sie benötigen.

Meditationen und Visualisierungen dieser Art sind besonders wirkungsvoll, wenn sie regelmäßig durchgeführt werden. Je häufiger Sie sich dem Thema widmen und auf meditative Art visualisieren, desto leichter wird es Ihnen fallen und desto größer werden die Effekte. Das regelmäßige Meditieren hilft Ihnen dabei, Ihre Wunschvorstellungen immer besser zu begreifen und bewusster Entscheidungen zu treffen.

Haben Sie Schwierigkeiten mit dem Visualisieren? Keine Sorge: Sie sind damit nicht alleine. Viele Menschen finden das Meditieren und Visualisieren auf diese Art anfangs etwas schwierig. Häufig wird man durch störende Gedanken und Sorgen unterbrochen. Das bessert sich jedoch mit der Zeit. Versuchen Sie diesen Trick: Sobald ein störender Gedanke kommt, nehmen Sie ihn sanft an. Sagen Sie innerlich zu sich selbst: „Ich denke" oder einfach „denken". Damit nehmen Sie die Tatsache, dass Ihre Gedanken abschweifen, an. Schieben Sie den Gedanken dann sanft beiseite. Das können Sie gerne bildlich machen. Ärgern Sie sich nicht über die Unterbrechung, denn damit lenken Sie die Gedanken noch mehr auf die unnötigen Störungen. Mit der Zeit wird dies immer einfacher werden.

Wenn Sie das Gefühl haben, dass Sie schlecht zur Ruhe kommen, sorgen Sie verstärkt dafür, dass Sie einen ungestörten Ort finden. Lassen Sie Ihre Familie wissen, dass Sie für diese Zeit keine Störung möchten, und stellen Sie das Handy aus. Hängen Sie, wenn Sie alleine sind, ein Schild an die Tür: „Bitte nicht stören, bin in 20 Minuten wieder erreichbar" oder etwas Ähnliches.

Gelingt Ihnen das Verbildlichen nicht? Es gibt einen kleinen Prozentsatz der Bevölkerung, der über keine oder nur eine sehr geringe bildliche Vorstellungskraft verfügt. Tatsächlich kann es also sein, dass Sie trotz friedlicher Atmosphäre kaum zum Visualisieren kommen werden. Das Phänomen nennt sich *Aphantasie* und betrifft etwa zwei Prozent der Bevölkerung. Das bedeutet jedoch nicht, dass Sie nicht visualisieren können. Wenn Sie jedoch nach mehrmaligen Versuchen merken, dass das bildliche Vorstellen überhaupt nicht funktioniert, stressen Sie sich nicht mit den Bildern. Konzentrieren Sie sich stattdessen auf Ihre anderen Sinne. Womöglich fällt es Ihnen viel leichter, die Emotionen nachzuspüren oder sogar an Gerüche und Geräusche zu denken. Wie fühlt sich die Situation an?

Denken Sie wieder an das Beispiel des 10-Kilometer-Laufes. Anstatt diese Situation bildlich zu sehen, denken Sie daran, wie sich das Laufen anfühlt. Wie sich Ihre Beine bewegen. Wie Ihre Füße vom Boden abspringen. Hören Sie das Jubeln der Zuschauer und spüren Sie das Adrenalin in Ihrem Körper. Fühlen Sie den Wind, wenn Sie an den anderen Läufern vorbeisprinten. Spüren Sie das kalte Metall der Medaille in der Hand und das Gefühl, ein erfrischendes, kaltes Wasser zu trinken. Können Sie Ihren guten Freund hören, der sich Ihnen nähert? All dies kann den gleichen Effekt erzielen wie das Visualisieren mit Bildern. Der Kern dieser Visualisierung ist das **Verinnerlichen des Gefühls** Ihres Ziels – und das kann auf mehreren Wegen und über alle Sinne geschehen.

Äußerliches Visualisieren: Vision Boards

Die sogenannten Vision Boards verbreiten sich heutzutage zunehmend. Diese Technik widmet sich dem Vor-Augen-führen der Ziele auf eine kreative Art. Ein klassisches Vision Board beinhaltet Herzenswünsche und Ziele langfristiger, mittelfristiger und kurzfristiger Natur. Ein Vision Board kann dabei auf einen bestimmten Bereich gerichtet sein oder alle Lebensbereiche abdecken. Die Hauptsache ist, dass die Ziele so gut wie möglich dargestellt werden, damit ein Blick auf das Board wieder verdeutlicht, wohin der Weg gehen soll. Vision Boards werden teilweise auch Dream Boards genannt (zu Deutsch: Traum-Tafeln), weil sie auch langfristige Wünsche und die größten Träume beinhalten.

Auf einem Vision Board können Sie beispielsweise Reiseziele, Karriereschritte und persönliche Entwicklungen visualisieren. Sie basteln eine Collage mit allen Dingen, die Ihnen am Herzen liegen und die Sie eines Tages gern realisieren würden – egal, wie realistisch oder unrealistisch sich die Dinge für Sie zum jetzigen Zeitpunkt anfühlen. Die fertige Collage erleichtert das Manifestieren und das gezielte Verfolgen der Ziele ungemein.

Schon während Sie mit dem Basteln der Collage beginnen, werden Sie feststellen, dass sich Ihr Fokus merklich verändert. Sie zwingen sich nun dazu, sich mit Ihren Träumen auseinanderzusetzen und den Fokus auf die Ziele zu richten. Sie nehmen sich endlich richtig Zeit, sich Gedanken über Ihre Zukunft und Ihre Träume zu machen. Die Definition Ihrer Wünsche wird auf einmal viel klarer und das Setzen von Prioritäten wird viel einfacher. Haben Sie erst einmal eine Übersicht über alles, was Sie erreichen möchten, wird Ihnen automatisch auffallen, dass Ihnen einige Dinge viel mehr am Herzen liegen als andere. Sie werden automatisch feststellen, dass Sie Prioritäten setzen müssen und wollen. Gleichzeitig werden Ihnen automatisch einige Schritte klar, die Sie gehen müssen, um Ihre Ziele zu erreichen.

Mit dem Vision Board halten Sie sich Ihre Ziele permanent vor Augen. Die Motivation, auch ungeliebte Schritte zu gehen, wird damit schlagartig viel größer, denn Sie haben ständig den Grund dafür vor Augen. Gerade in Krisenzeiten kann das sehr helfen. Wenn Sie viel Arbeit vor sich haben oder sehr unangenehme Probleme beseitigen müssen, ist ein Vision Board häufig die beste Motivation, die Sie erhalten können. Sie richten den Fokus wieder auf das, was für Sie wirklich zählt, und werden neue Kräfte daraus schöpfen, diese Ziele erreichen zu wollen.

Letztlich kann ein Vision Board sogar dabei helfen, Fehler zu erkennen. Ein Blick auf Ihr Vision Board kann Sie schließlich auch daran erinnern, welche Bereiche Ihres Lebens oder Ihres Weges gerade nicht so optimal laufen. Schließlich werden damit Wünsche verbunden sein, die besonders groß sind, oder Ziele, die Ihnen besonders weit weg erscheinen. So erkennen Sie womöglich, was Sie gerade verändern müssen, beispielsweise mehr Zeit mit der Familie zu verbringen, anstatt jeden Abend noch länger zu arbeiten, vor dem Schlafengehen ein Buch zu lesen, anstatt noch drei letzte E-Mails zu beantworten, oder lieber ein paar Stunden produktiv zu arbeiten, anstatt alles auf den letzten Drücker zu erledigen.

Anleitung:

Ein Vision Board anzulegen, ist gar nicht so schwer. Suchen Sie sich einfach eine Tafel, eine Pinnwand oder eine große Pappwand als Untergrund und beginnen Sie mit Ihrer Collage. Alternativ können Sie Bilder auch direkt an Ihre Wand kleben oder ein digitales Bild erstellen. Das tatsächliche Basteln mit Händen und Papier wirkt allerdings besonders entspannend. Sie leben dabei besonders viel Kreativität aus und erhalten ein paar ruhige Stunden, in denen Sie sich intensiv mit sich selbst beschäftigen. Dieser Weg wird daher wärmstens empfohlen.

Nutzen Sie für Ihre Collage alles, was Ihnen einfällt: Zeichnen oder malen Sie, nehmen Sie Bilder, Zeitungsausschnitte, Fotos und kleine Gegenstände zur Hand, nutzen Sie Farben und verschiedene Stiftarten und kleben Sie alles an, was zu Ihren Ideen passt. Wenn Sie möchten, können Sie auch Düfte einsetzen, um noch mehr Sinne anzuregen. Je intensiver und deutlicher Sie Ihr Vision Board gestalten, desto besser. Hier eine kleine Starthilfe:

Überlegen Sie sich alle Bereiche, die Ihr Kaizen-Vision-Board beinhalten soll. Welche großen Bereiche fallen Ihnen ein?

____

____

____

____

____

____

____

____

____

____

____

____

Beginnen Sie nun mit dem Brainstorming: Wie könnten Ihre Ziele lauten? Schreiben Sie Ihre Ziele herunter oder fertigen Sie eine Mindmap an.

1....

2....

3.....

4....

5....

6....

7....

8....

9....

10. ...

Schreiben Sie so viel auf, wie Ihnen einfällt – es gibt keine Grenzen! Nach dem Visualisieren folgt das Dokumentieren der Ergebnisse.

Ergebnisse dokumentieren

Mit dem Dokumentieren der Ergebnisse bleiben Sie regelmäßig auf dem neuesten Stand und können immer wieder einen Blick auf Ihre Fortschritte werfen. Zum Dokumentieren der Ergebnisse haben Sie mehrere Möglichkeiten. Die einfachste Art ist das Kaizen-Tagebuch. Dort schreiben Sie einfach alles hinein, was Sie an jedem Tag verändert haben, und auch, welche Veränderungen Sie bemerken. Sie können das Tagebuch elektronisch anlegen oder per Hand in ein Notizbuch schreiben.

Tipp: Das handschriftliche Tagebuchführen auf Papier wirkt entschleunigend und kann den Effekt des ruhigeren Veränderns zusätzlich unterstützen.

Anstatt jeden Tag Aufzeichnungen zu machen, können Sie auch eine Art Ergebnis-Journal führen, in dem Sie Ihre Ergebnisse jede Woche und zusätzlich zusammenfassend einmal pro Monat dokumentieren. Auf die Art haben Sie die größeren Schritte direkt auf einen Blick. Wird Kaizen im wirtschaftlichen Bereich eingesetzt, werden Ergebnisse häufig in Form von Berichten dokumentiert. Dort lässt sich zusammenfassen, in welchen Bereichen Veränderungen sichtbar wurden und inwieweit die Strategien bislang funktionieren. Solche Berichte eignen sich für den privaten Weg nur bedingt. Da auch das Dokumentieren für jeden Menschen eine individuelle Sache ist, können Sie sich diese Strategie durch den Kopf gehen lassen. Haben Sie beispielsweise einen Freund, der Kaizen mit Ihnen gemeinsam ausprobieren möchte, können Sie sich gegenseitig auf den neuesten Stand bringen. Schreiben Sie einander kurze Berichte oder treffen Sie sich zu einem Kaffee-Austausch über Ihre Ergebnisse. Möglicherweise können Sie auch jeweils für den anderen dokumentieren, welche Veränderungen Ihnen auffallen. Manchmal bemerken Freunde Veränderungen, die uns selber nicht sofort deutlich werden. Sich gegenseitig zu helfen und zu unterstützen, ist daher immer ein guter Weg, das Bestmögliche aus einer neuen Routine herauszuholen. Werden Sie auch bei der Dokumentation Ihrer Ergebnisse gern kreativ: Fotografieren Sie Ergebnisse (beispielsweise ein Foto von Ihrem ersten Lauf) oder zeichnen Sie. Sammeln Sie Erinnerungen an größere Erfolge (wie beispielsweise die Laufmedaille) oder senden Sie Videos und Bilder an Freunde. Alles, was dazu beiträgt, Ihre Ergebnisse festzuhalten, ist erlaubt. Seien Sie stolz auf sich und alles, was Sie bereits erreicht haben.

ÜBERPRÜFUNG

Ergebnisse überprüfen

Überprüfen Sie Ihre Ergebnisse von Zeit zu Zeit. Dafür sind die Dokumentationen besonders hilfreich. Anhand aller dokumentierten Ergebnisse können Sie leicht erkennen, wie groß Ihre Fortschritte sind, in welchen Bereichen Sie besonders erfolgreich waren und wo möglicherweise neue Strategien herangezogen werden müssen. Die Dokumentationen erinnern Sie auch in Krisenzeiten an alles, was Sie bereits geschafft haben. Es kann immer vorkommen, dass Sie zwischendurch phasenweise das Gefühl bekommen, überhaupt nicht voranzukommen. Das ist völlig normal und bedeutet keineswegs, dass Kaizen für Sie nicht funktioniert. Jeder Mensch hat von Zeit zu Zeit Phasen, die besser funktionieren, und solche, in denen wir nicht voranzukommen scheinen. In vielen Fällen fühlt sich die Situation jedoch deutlich schlimmer an, als sie tatsächlich ist. Das Gefühl des Feststeckens kann sich schnell einschleichen und dafür sorgen, dass Motivation verloren geht. Haben Sie Ihre Ergebnisse jedoch sorgfältig dokumentiert, können Sie immer dorthin zurückkehren und überprüfen, was wirklich geschehen ist. Sitzen Sie wirklich so fest, wie Sie denken? Oder haben Sie vielleicht bereits mehr erreicht, als Sie gerade glauben? Das Überprüfen hilft auf jeden Fall, die Umsetzung langfristig durchzuziehen und Strategien gezielt dort zu verändern, wo es notwendig wird.

Umsetzung überprüfen

Anhand Ihrer Dokumentationen und Überprüfungen der Ergebnisse können Sie auch die Umsetzungsstrategien überprüfen. Können Sie feststellen, dass sich bestimmte Strategien besser bewähren als andere? Haben Sie Ihre Strategien auch vollkommen durchgezogen? Möglicherweise sind die Ergebnisse nicht eingetreten, weil Sie sich nicht an die Strategie gehalten haben. Haben Sie sich beispielsweise vorgenommen, Ihre Laufklamotten und -schuhe jeden Morgen direkt neben das Bett zu legen, haben Sie dies tatsächlich aber nur wenige Male gemacht, kann dies ein Fehler in der Umsetzung sein. Es ist daher auch hilfreich, eine Dokumentation über das Durchziehen Ihrer Umsetzungsstrategien anzufertigen. Die einfachste Art dafür ist eine Liste oder ein Kalender, in dem Sie einfach abhaken oder ankreuzen, wenn Sie sich an Ihre Umsetzung gehalten haben. Schon ein Jahresplaner auf Papier reicht dafür aus. Kreuzen Sie einfach jeden Tag ab, an dem Sie Ihre Strategie durchgezogen haben. Setzen Sie ein Kreuz in einer anderen Farbe neben die Tage, an denen Sie Ihre neue Verhaltensweise umgesetzt haben.

Ein Beispiel: Jeder Tag, an dem Sie die Laufklamotten direkt neben das Bett gelegt haben, bekommt ein rotes Kreuz. Alle Tage, an denen Sie tatsächlich gelaufen sind, bekommen ein blaues Kreuz. Tage, an denen Sie sowohl an die Klamotten gedacht haben als auch zum Laufen gegangen sind, erhalten entsprechend ein blaues und auch ein rotes Kreuz. Es kann sein, dass Sie an einigen Tagen nur rote Kreuze setzen. Häufen sich die Tage, kann das ein Hinweis darauf sein, dass die Strategie, die Klamotten und Schuhe bereitzuhalten, nicht ausreichend ist. Es kann natürlich auch vorkommen, dass Sie regelmäßig blaue Kreuze setzen, obwohl Sie häufig vergessen haben, Ihre Kleidung herauszulegen. In dem Fall lohnt es sich, darüber nachzudenken, woher Sie dennoch die Motivation genommen haben, laufen zu gehen. Möglicherweise hilft Ihnen diese Art von Motivation auch bei der Umsetzung anderer Verhaltensveränderungen.

Wenn Sie möchten, können Sie zusätzlich noch eine dritte Farbe für die Tage nutzen, an denen Sie nichts umgesetzt haben, obwohl Sie es vorhatten. Beispielsweise könnten alle Tage, an denen Sie laufen gehen hätten sollen, jedoch weder die Klamotten bereit hatten noch tatsächlich rausgegangen sind, ein gelbes Kreuz erhalten. Auf die Art sehen Sie neben all den erfolgreichen Tagen auch, wie häufig Ihre Umsetzungsstrategie nicht funktioniert hat. Überwiegen diese Tage, sollten Sie Ihre Strategie überdenken. Woran könnte es liegen, dass Sie überwiegend gelbe Kreuze setzen? Möglicherweise haben Sie noch nicht die richtige Strategie gefunden, ausreichend Motivation zu erhalten. Vielleicht haben Sie auch nicht den einfachsten Weg gefunden. Oder aber Ihre Ziele sind zu hoch gesteckt?

Wenn Sie niemals laufen gegangen sind und auf einmal an sechs von sieben Tagen morgens zum Laufen gehen wollen, ist das wahrscheinlich sehr viel. Ihr Körper wird erschöpft sein, Sie haben womöglich auch keine Lust, jeden Tag so früh aufzustehen, und höchstwahrscheinlich nicht ausreichend gute Sportklamotten zu Hause. Wenn es Ihnen dennoch gelingt, ein- bis zweimal die Woche früh aufzustehen, um Sport zu treiben, ist das ein großer Erfolg. Der Kalender wird aber neben zwei erfolgreichen Tagen auch drei nicht erfolgreiche Tage anzeigen. Das sollte Ihnen ein Signal sein, Ihre Ziele zu überdenken. Wenn Sie bei null anfangen, dürfen Sie Ihre Ziele gern entsprechend kleiner stecken.

SOLL-IST-ABGLEICH

Ein *Soll-Ist-Abgleich* dient dazu, den Soll-Zustand (also das gesteckte Ziel oder Zwischenziel) mit dem Ist-Zustand (also dem Zustand, in dem Sie sich tatsächlich befinden) zu vergleichen. Daran erkennen Sie, ob Sie tatsächlich erreicht haben, was Sie erreichen wollten, oder ob Sie sich auf dem richtigen Weg befinden.

Ein Soll-Ist-Abgleich ist ein gutes Instrument, um zu sehen, ob Sie sich auf dem richtigen Weg zur Zielerreichung befinden. Nehmen Sie sich am besten feste Termine vor, zu denen Sie den Soll-Ist-Abgleich vornehmen. Sie haben bereits gelernt, wie Sie Ziele am besten SMART formulieren. Die SMART-Formel beinhaltet auch das Terminieren der Ziele. Spätestens zu diesen Zeitpunkten sollten Sie einen ausführlichen Soll-Ist-Abgleich machen. Es empfiehlt sich allerdings, bereits zwischendurch einen Abgleich zu machen, wenigstens einmal auf halber Strecke. Setzen Sie sich dafür vorher ein Zwischenziel, das Sie erreicht haben möchten, damit der Vergleich leichter fällt.

Nehmen wir noch einmal das **Beispiel** des Läufers. Wenn Ihr Plan lautet, innerhalb von acht Wochen einen 5-Kilometer-Lauf durchzuführen, könnte Ihr Zwischenziel zweieinhalb oder sogar drei Kilometer nach einem Monat lauten – ohne Gehpausen einzulegen. Je nach Trainingsplan kann Ihr Zwischenziel auch ganz anders aussehen. Möglicherweise messen Sie gar keine Strecke, sondern nur die Häufigkeit der Lauftage oder die Geschwindigkeit. Wichtig ist, dass Sie eine Orientierung schaffen, um den Soll-Zustand mit dem Ist-Zustand abzugleichen.

Auch das Dokumentieren Ihrer Umsetzung und Ergebnisse hilft beim regelmäßigen Abgleich. Ein Blick auf den Kalender zeigt Ihnen bereits, wo Sie sein sollten und wo Sie sich tatsächlich befinden. Haben Sie beispielsweise drei Tage als „Lauftage“ markiert, sich jedoch in den meisten Wochen nur einen Tag daran gehalten, weicht der Soll-Zustand recht deutlich vom Ist-Zustand ab. Es kann natürlich auch sein, dass Ihr Soll-Zustand nur an wenigen Tagen vom Ist-Zustand abweicht. Kleine Ausrutscher sind gerade am Anfang völlig normal. Sollten Sie aber feststellen, dass Ihr Ist-Zustand sehr deutlich oder sehr häufig vom Soll-Zustand abweicht, ist es wahrscheinlich ratsam, Ziele oder Strategien zu verändern. Entweder Ihre *Ziele* sind zu hochgesteckt und unrealistisch oder aber Ihre *Strategien* funktionieren nicht. Je genauer Sie Ihre Ergebnisse und Handlungen dokumentieren, desto leichter ist es, herauszufinden, woran es liegt. Nehmen wir beispielsweise an, Sie haben genau festgehalten, dass Sie mindestens dreimal pro Woche jeweils 20 Minuten laufen gehen möchten. Nehmen wir weiterhin an, Sie haben genau dokumentiert, wie Ihr Training umgesetzt wurde: Sie haben markiert, an welchen Tagen Sie gelaufen sind, ob Sie sich an bestimmte Strategien gehalten haben und wie lange Sie beim Laufen durchgehalten haben. Sie können feststellen, dass Sie sich überwiegend an die Anzahl der Lauftage und Ihre Strategien gehalten haben, allerdings waren Sie die meiste Zeit nur zwischen zehn und 15 Minuten laufen. Anhand eines solchen Ergebnisses können Sie sofort feststellen: Es liegt höchstwahrscheinlich an der zu hohen Zielsetzung.

Ihre Strategien haben Sie umgesetzt und sie haben scheinbar für ausreichend Motivation gesorgt, tatsächlich laufen zu gehen. Allerdings haben Sie niemals lange genug durchgehalten. Wenn Sie jetzt noch ein Tagebuch geführt haben, werden Ihre Einträge diesen Eindruck möglicherweise sogar bestätigen (etwa, weil Sie festhielten, dass Sie sich sehr erschöpft fühlten). Nun können Sie überlegen, die Intensität etwas herunterzuschrauben. Zweimal 20 Minuten oder dreimal 15 Minuten mag viel realistischer für Sie sein. Möglicherweise laufen Sie auch zu schnell und müssen das Tempo herunterfahren, um 20 Minuten durchzuhalten. Sie sehen schon: Je mehr Details Sie im Vorfeld dokumentieren, desto leichter fällt Ihnen später der Soll-Ist-Abgleich und die daraus resultierende Verbesserung Ihres Vorhabens.

Agieren

Haben Sie einen erfolgreichen Soll-Ist-Abgleich in der Umsetzungsphase vollzogen, geht es daran, die nächsten Schritte zu bewältigen. Damit Sie sich weiter auf dem Weg des Kaizen bewegen, geht es nun an das weitere Agieren. Schließlich machen Sie Ihren Abgleich nicht einfach nur so – er dient dazu, für zukünftige Verbesserungen genutzt zu werden. Um weiter zu agieren, haben Sie grundsätzlich zwei Möglichkeiten: Sie sichern Erfahrungen und definieren einen Standard oder Sie initiieren Verbesserungen. Welche der beiden Möglichkeiten für Sie relevant ist, hängt von Ihrem Ergebnis des Soll-Ist-Abgleichs ab.

MÖGLICHKEIT 1: ERFAHRUNG SICHERN + STANDARD DEFINIEREN

Die erste Möglichkeit des Agierens besteht darin, Erfahrungen zu sichern und Standards zu definieren. Dies kommt dann in Frage, wenn Ihr Soll-Ist-Abgleich wünschenswert aussieht. Wenn Sie ein (vorläufig) zufriedenstellendes Ergebnis erhalten haben, hat Ihre Strategie bislang funktioniert. In dem Fall lohnt es sich, die gesamten Erfahrungen festzuhalten und einen Standard zu bilden. Gesammelt haben Sie erste Erfahrungen bereits reichlich in der Umsetzungsphase. Durch das Dokumentieren und Erinnern haben Sie diese Erfahrungen auch gesichert. Der erste Schritt dieser Möglichkeit ist damit bereits zum Teil erledigt. Nun müssen Sie nur noch zusammenfassend festhalten, was Sie aus dem Soll-Ist-Abgleich gelernt haben.

Welche neuen Erkenntnisse nehmen Sie daraus mit?
Welche Dinge haben besonders gut funktioniert und
wie zufrieden sind Sie mit Ihrem Ergebnis?

Halten Sie möglichst detailliert fest, welche Schlussfolgerungen Sie aus Ihrem Ergebnis ziehen. Im Anschluss definieren Sie einen neuen Standard. Das bedeutet, Sie erkennen an, was sich bewährt hat, und formulieren Standard-Methoden. Mit diesem Standard können Sie zukünftig erkennen, welche Wege für Sie besonders gut funktionieren und mit welchen Maßnahmen Sie bislang den größten Erfolg hatten.

Ein Beispiel: Möglicherweise hat für Sie das Herauslegen der Lauf-Klamotten am Vorabend besonders gut funktioniert. Es kann aber auch sein, dass Sie erkennen, dass nicht die Vorbereitung oder der leichteste Weg der Schlüssel zum Erfolg war. Möglicherweise erhielten Sie eine viel größere Motivation durch eine kleine Belohnung, die Sie sich im Anschluss gegönnt haben (etwa Ihr Lieblingsfrühstück oder 10 Minuten Lesezeit). Daraus können Sie lernen, welche Methoden auch für andere Verhaltensänderungen besonders effektiv sein könnten. Einen Standard zu bilden, kann Ihnen für die Zukunft reichlich Zeit sparen.

MÖGLICHKEIT 2: VERBESSERUNG INITIIEREN

Liefert Ihr Soll-Ist-Abgleich kein zufriedenstellendes Ergebnis, haben Sie die Chance, Verbesserungen zu initiieren. Sie erkennen anhand Ihrer Ergebnisse auch, welche Strategien sich nicht bewährt haben und wo größere Probleme aufgetreten sind. An diesen Stellen können Sie Verbesserungen einbauen. Denken Sie genau darüber nach: Was hat nicht funktioniert und warum nicht? Eine Strategie scheitert nicht zwangsläufig an einem Faktor. Oftmals sind es mehrere Faktoren in Kombination, die für ein unerwünschtes Ergebnis sorgen. In manchen Fällen werden Sie eine Weile darüber nachdenken müssen, warum etwas nicht funktioniert hat. In vielen Situationen kommen viele verschiedene Gründe für das Misslingen in Betracht. Überlegen Sie daher genau. Sie möchten schließlich dazu in der Lage sein, gezielt dort zu arbeiten, wo das Problem liegt.

Ein Beispiel: Hat der Trick mit dem einfachsten Weg und den herausgelegten Lauf-Klamotten nicht funktioniert? Dann fragen Sie sich, wieso. Haben Sie wirklich den einfachsten Weg gefunden oder sind Sie morgens noch auf andere Hindernisse gestoßen? Haben Sie die Lauf-Klamotten gar nicht erst angezogen oder haben Sie sie angezogen und sind trotzdem nicht laufen gegangen? Möglicherweise waren Sie morgens einfach zu müde, zu energielos oder zu gestresst? Vielleicht lohnt es sich, das Laufen auf den Abend zu verlegen. Möglicherweise brauchen Sie auch mehr Zeit zwischen Aufstehen und Laufen und müssen eine Kleinigkeit essen. Oder aber Sie haben festgestellt, dass Sie die Lauf-Klamotten gar nicht erst anziehen, weil Sie vor dem Umziehen erst ins Bad gehen und die Klamotten neben dem Bett liegen. In diesem Fall könnten Sie Ihre Klamotten direkt ins Bad bringen.

Für jedes Problem gibt es eine Lösung. Sie müssen sich nur ausreichend Zeit nehmen, um danach zu suchen. Manchmal müssen mehrere Strategien ausprobiert werden, bis eine funktioniert. Das ist vollkommen in Ordnung. Wichtig ist nur, dass Sie sich Gedanken darüber machen, wo Sie als Nächstes Verbesserungen initiieren wollen. Dann beginnt der ganze Kreislauf wieder von vorne. Das Prinzip ist fest im Kaizen verankert. Verbesserungen werden initiiert und überprüft – hat etwas geklappt, werden neue Standards definiert, ist etwas misslungen, werden weitere Verbesserungen initiiert. Denken Sie daran, dass es sich immer um einen langen Prozess handelt. Der Fokus liegt auf der dauerhaften, aber sanften Verbesserung.

Ein tieferes Bewusstsein erlangen

Um den Weg des Kaizen vollkommen zu verstehen und die innere Ruhe und Sicherheit zu stärken, ist ein tieferes Bewusstsein wichtig. Viel zu häufig bewegen wir uns in der hektischen modernen Gesellschaft auf der Oberfläche. Viel zu selten befassen wir uns mit dem großen Ganzen und damit, wie alles miteinander verbunden ist. In diesem Kapitel sollen Sie daher mehr zum tieferen Bewusstsein erfahren. Wie erlangen Sie ein tieferes Bewusstsein? Welche Elemente gehören dazu? Was bedeutet es, achtsam durch den Alltag zu gehen und die Zusammenhänge des Universums zu verstehen? Diese und viele andere Fragen werden im Folgenden beantwortet.

DAS GROSSE GANZE

Wird vom großen Ganzen gesprochen, geht es in der Regel darum, dass alles miteinander verbunden ist. Kleine Aktionen können große Folgen bewirken und Auswirkungen haben, die weit über das hinaus gehen, was wir uns vorstellen, während wir sie durchführen. In diesem Zusammenhang wird auch regelmäßig vom *Gesetz der Anziehung* gesprochen, zu dem Sie im nächsten Abschnitt mehr lernen.

Um das große Ganze zu sehen, wird im Bereich der Psychologie ein Gemeinschaftsgefühl vorausgesetzt. Grundsätzlich entsteht ein Gemeinschaftsgefühl bei Menschen durch eine Art Zugehörigkeitsgefühl einer Gruppe. Gruppendynamiken gehören zum Sozialleben eines Menschen dazu. Gleichzeitig streben Menschen regelmäßig danach, einen Individualisierungsprozess durchzuführen. Sie wollen als individuelles Wesen wahrgenommen werden und sich gleichzeitig einer Gruppe zugehörig fühlen. Um sich als individuelles Wesen wahrzunehmen, muss ein Mensch Abgrenzungen zur restlichen Umwelt schaffen können. Das wiederum sorgt dafür, dass Wahrnehmung subjektiv wird. Wir sind als menschliche Wesen kaum dazu in der Lage, eine Wirklichkeit zu erkennen, weil wir unsere Umwelt auf unterschiedlichste Arten und Weisen wahrnehmen und bewerten. Genau aus diesem Grund ist es für viele Menschen erst auf den zweiten Blick möglich, ein großes Ganzes zu erkennen. Wir sind so sehr auf unsere subjektive Wahrnehmung fixiert, dass wir nur schwer den Blick erweitern können.

Sobald wir Gemeinschaften und Gruppen bilden, lassen wir uns auch auf andere Ansichten und Wahrnehmungen ein. Wir treten in einen Dialog und erkennen die Sichtweisen anderer Menschen an. Wir erkennen Zusammenhänge, die aus unserer subjektiven Perspektive nicht auf den ersten Blick sichtbar waren.

Das gemeinschaftliche Erleben der Welt hilft ungemein, ein großes Ganzes zu erkennen. Jeder Mensch hat grundsätzlich die Fähigkeit dazu,

Gemeinschaftsgefühle zu entwickeln. Allerdings kann dies in verschiedenen Lebensbereichen sehr unterschiedlich stark ausgeprägt sein. In einigen Lebensbereichen fällt es uns womöglich gar nicht schwer, andere Standpunkte zu erkennen und zu akzeptieren. In manchen Bereichen ist das Bewusstsein wiederum möglicherweise noch nicht ausreichend entwickelt, um die Masse der Zusammenhänge und Perspektiven zu verstehen. Generell lässt sich jedoch festhalten, dass Menschen mit einem starken Gemeinschaftsgefühl ihren Platz im Universum anders einordnen als solche mit einem weniger ausgeprägten Gemeinschaftssinn. Wer ein stark ausgeprägtes Gemeinschaftsgefühl hat, fühlt sich mit anderen Menschen und dem restlichen Universum stärker verbunden. Er erkennt Abhängigkeiten und die Beeinflussung von außen.

Die Entwicklung eines stark ausgeprägten Gemeinschaftsgefühls ist ein lebenslanger Prozess. Je häufiger wir mit anderen Menschen in Verbindung treten und uns mit verschiedenen Perspektiven beschäftigen, desto stärker wird dieses Gefühl.

Um Zusammenhänge und die Auswirkungen kleiner Veränderungen und Handlungen besser zu verstehen, ist ein Gefühl für das große Ganze wichtig. Sich selbst als ein Zahnrad im großen Universum zu verstehen, ist auch für den Weg mit Kaizen essenziell. Diese Wahrnehmungen unterstützen das Verständnis für die kontinuierlichen kleinen Veränderungen ungemein.

DAS UNIVERSUM: WARUM ALLES MIT ALLEM VERBUNDEN IST

Das Gesetz der Anziehung, auch unter dem Namen **Resonanzgesetz** bekannt, wurde erstmals im Jahr 1877 formuliert. Die russische Okkultistin *Helena Petrovna Blavatsky* benannte dieses Gesetz und besagte, dass ein direkter Zusammenhang zwischen unserer inneren Gedanken- und Gefühlswelt und unseren äußeren Lebensumständen bestehe.

Der Philosoph *Marcus Aurelius* schrieb einst:

> *„Das Glück deines Lebens hängt von der Beschaffenheit deiner Gedanken ab."*

Der Schriftsteller **Mark Twain** sprach:

> *„Das, was jemand von sich selbst denkt, bestimmt sein Schicksal."*

Und ein deutsches Sprichwort, das Sie sicherlich auch kennen, lehrt:

> *„So wie du in den Wald hineinrufst, schallt es auch heraus."*

All diese Aussagen und Sprichwörter besagen im Grunde das Gleiche: Was wir im Inneren denken und fühlen, beeinflusst alles, was mit uns in der Realität passiert.

Gleich und gleich gesellt sich gern

Als einfachste Variante besagt das Gesetz der Anziehung: Gleiches zieht Gleiches an. Der Kerngedanke geht also davon aus, dass ein universelles Prinzip dafür sorgt, dass unsere innere Einstellung auch für das Glück oder Unglück, das uns im Leben widerfährt, verantwortlich ist. Viele Anhänger dieser Theorie gehen davon aus, dass das Gesetz auf alle Lebensbereiche anwendbar ist. Dabei ist es ganz gleich, ob es sich um die Finanzwelt oder die Freizeitgestaltung handelt. Im englischen Sprachraum kennt man ein Sprichwort, das lautet: „thoughts become things"; zu Deutsch: „Gedanken werden Dinge". Auch dieses Sprichwort widmet sich im Grunde dem Kerngedanken des Gesetzes der Anziehungskraft: Es wird Wirklichkeit, was wir denken – viel mehr als das, was wir uns wünschen.

Ein Kritikpunkt des Gesetzes der Anziehung liegt darin, dass die Gefahr besteht, Menschen die Schuld für ihre schlechte Situation zu geben. Nach dem Motto: „Wenn du nur positiv denken würdest, würden dir diese Dinge auch nicht passieren" sollen Sie Ihren Mitmenschen natürlich nicht begegnen. Ein wichtiger Gedanke in diesem Zusammenhang ist, dass das Universum keinesfalls zwischen guten und schlechten Gedanken unterscheidet. Vielmehr wird jeder Gedanke neutral bewertet. Es gilt lediglich, dass sich gleiche und ähnliche Dinge viel mehr anziehen als unterschiedliche. Im Grunde basieren viele menschliche Verbindungen ebenfalls auf diesem Prinzip.

Sie kennen das sicher: Menschen, die Ihnen ähnlich sind, sind Ihnen häufiger auch sympathischer oder werden die engeren Freunde. Oftmals umgeben wir uns automatisch mit ähnlichen Menschen und ziehen solche Bekanntschaften an, die zu uns und unserem kulturellen und sozialen Kreis passen. Wenn Sie mit einem Lächeln auf einen anderen Menschen zugehen, ist die Wahrscheinlichkeit, dass Sie eines zurückbekommen, viel größer, als wenn Sie dem Menschen mit einem grimmigen Gesicht gegenübertreten.

Unangenehme Situationen dürfen deshalb keinesfalls als Bestrafung des Universums für schlechte Gedanken gesehen werden. Vielmehr machen die *Bewertungen* des Menschen einen Gedanken oder eine Situation zu etwas Schlechtem. Unsere subjektiven Bewertungen sorgen dafür, dass wir einen Gedanken, eine Emotion oder ein Geschehnis als negativ bzw. positiv empfinden. Dennoch besteht natürlich das Risiko, dass sich Menschen schnell alleine verantwortlich für eine missliche Lage fühlen. Auf der anderen Seite hat diese Einstellung auch etwas Positives: Wir gehen aus der Opferrolle heraus und können uns gezielter großen Herausforderungen stellen, weil wir Eigenverantwortung lernen.

Gedanken als Schlüssel einsetzen

Nach dem Gesetz der Anziehung sind Gefühle und Gedanken der Schlüssel für unser Erleben. Wenn Sie sich Ihrer Gedanken und Emotionen bewusst werden, ist dies der erste Schritt auf dem Weg zur Veränderung Ihres Lebens. Manifestationen und Meditationen sind in diesem Zusammenhang besondere Werkzeuge. Auch Achtsamkeit ist ein besonderes Mittel, um sich über die eigenen Gedanken besser bewusst zu werden. Für Ihren weiteren Weg ist es erforderlich, dass Sie lernen, Kontrolle über Ihre Gedanken zu erlangen. Viel zu oft haben wir das Gefühl, unseren Gedanken ausgeliefert zu sein. Dabei ist dies keinesfalls der Fall. Mit diversen Methoden können Sie lernen, Ihre Gedanken zu steuern und bewusst als Werkzeuge einzusetzen.

Eine der wichtigsten Lektionen in diesem Zusammenhang ist das Formulieren positiver Gedanken. Formulieren wir gedanklich, was wir nicht wollen, behält unser Gehirn immer noch das, was wir ausblenden möchten, im Kopf. Wir konzentrieren uns immer noch mehr auf das, was wir uns nicht wünschen, als wir sollten.

Nehmen wir ein sehr simples **Beispiel**: Wenn Sie sich einen ruhigen Familienabend erhoffen, sollten Sie Ihre Gedanken genau auf das lenken: Ruhe, Harmonie, ein ruhiger Familienabend.

Viele Menschen tendieren jedoch dazu, sich auf das zu konzentrieren, was sie nicht möchten, etwa „kein Streit". Wir sind so sehr damit beschäftigt, uns etwas Unangenehmes wegzuwünschen, dass wir vergessen, an das Angenehme zu denken. Unser Gehirn beschäftigt sich dann jedoch immer noch mit dem Thema Streit, anstatt sich auf die Themen Ruhe, Frieden, Harmonie, Geselligkeit usw. zu fokussieren. Allein diese simple Methode kann einen großen Unterschied machen. Manche Studien im Bereich der Psychologie gehen heutzutage auch davon aus, dass negativ formulierte Verbotsschilder aus einem ähnlichen Grund einen geringeren Effekt haben.

„Bitte nicht über den Zaun klettern" beispielsweise ruft in unserem Gehirn den Gedanken daran, über den Zaun zu klettern, hervor. Plötzlich ist der Gedanke vorhanden und wir beschäftigen uns damit. Im schlechtesten Fall entsteht dadurch überhaupt erst das Verlangen, über den Zaun zu klettern. Besser wäre also ein Schild mit der Aufschrift „Bitte durch das Tor auf der linken Seite gehen" – oder welcher Weg auch immer gewünscht wird. Statt „Rasen bitte nicht betreten" ist ein Schild mit der Aufschrift „Bitte Gehweg benutzen" wirkungsvoller. Ähnlich funktioniert auch das Gesetz der Anziehung.

Und noch ein Hinweis: Das Gesetz der Anziehung unterscheidet nicht zwischen unbewussten und bewussten Gedanken. Es ist also ratsam, sich die zuversichtlichen Gedanken so überzeugend wie möglich einzureden. Je stärker Sie daran glauben, desto wirkungsvoller ist der Gedanke, denn er übertönt alle anderen unbewussten Gedanken. Glauben Sie nicht an die bewussten Gedanken, werden die unbewussten Gedanken Ihnen das Gegenteil einreden. An positive Gedanken zu glauben, können Sie mit Affirmationen lernen (siehe Kapitel ‚Manifestation und Affirmation'). Außerdem helfen Techniken, die das Selbstbewusstsein stärken, sowie das Erinnern an bisherige Erfolge.

Natürlich darf man beim Gesetz der Anziehungskraft nicht vergessen, dass sich darin schlecht die einzige Ursache für sehr schwere Schicksale finden lässt. Einem Menschen ein schlimmes Schicksal anhand der eigenen Gedanken zu erklären, ist in keinem Fall hilfreich. Teilweise wird außerdem kritisiert, dass es keinen wissenschaftlichen Beweis für das Gesetz der Anziehungskraft gibt. Das liegt auch daran, dass es schwer ist, eine Vergleichsgruppe zu bilden. Schließlich kann man nie wissen, in welche Situationen eventuelle Probanden geraten wären, wenn sie ihre Gedanken auf andere Dinge gerichtet hätten.

Da jeder Mensch so unterschiedlich ist und vor einem völlig anderen Hintergrund existiert, lassen sich Vergleiche diesbezüglich nur schwer machen. Dennoch lässt sich klar erkennen, dass Gedanken einen starken Einfluss auf die Realität haben können. Sie beeinflussen psychische und damit auch körperliche Gesundheit merklich. An Beispielen wie den positiv formulierten Schildern lässt sich erkennen, dass es einen deutlichen Unterschied machen kann, wie wir welche Gedanken verfestigen. Zeit, die Sie in Ihre Gedanken investieren, ist daher auf jeden Fall sinnvoll investiert. Sie lernen in jedem Fall, kein Opfer Ihrer unbewussten Gedanken zu werden, sondern eine positive Denkweise zu trainieren und bewusster einzusetzen.

Achtsamkeit als Werkzeug für Gedankenkontrolle

Achtsamkeit ist eine Praxis, die im Buddhismus weit verbreitet ist. Sie bedeutet: Das, was um uns herum geschieht, wird bewusst wahrgenommen, ohne es zu bewerten. Wie bereits erklärt wurde, neigen Menschen dazu, bewusst oder unbewusst, nahezu alles zu bewerten. Wir teilen Gedanken, Emotionen und auch Situationen in die Kategorien „gut" und „schlecht" ein. Folgt man dem Gesetz der Anziehung jedoch, lehrt uns das, dass eine solche Einteilung von außen gar nicht stattfindet. Achtsamkeit soll dazu beitragen, möglichst wertfrei mit der Umwelt zu interagieren.

Gleichzeitig sorgt Achtsamkeit dafür, dass die Umwelt besser wahrgenommen wird. Im Alltag laufen viele Menschen unachtsam durch die Gegend. Gewohnheiten und Routinen werden, ohne darüber nachzudenken, vollzogen, Denk- und Handlungsmuster laufen automatisch ab. Dabei stecken viele Menschen so sehr in ihren Gepflogenheiten fest, dass Veränderungen schwerfallen und viele schöne Momente nahezu übersehen werden. Wir nehmen viele Details unseres Lebens kaum noch wahr, sondern funktionieren wie ein Uhrwerk. Oftmals übersehen wir dabei sogar unsere eigene Gefühlswelt. Wir funktionieren, solange wir funktionieren müssen, und übersehen, wenn wir uns schlecht fühlen, überhören innerliche Rufe nach Dingen, die wir brauchen, und blenden aus, was um uns herum geschieht.

Achtsamkeit bedeutet, den Moment vollkommen zu erleben – mit allen Sinnen. Das bedeutet einfach gesprochen: Wenn Sie achtsam sind, beobachten Sie Ihre Umgebung sehr genau. Sie erkennen visuelle Reize, nehmen Geräusche und Gerüche wahr, nehmen an, was Sie auf der Haut empfinden, usw.

Kurzum: Sie spulen keine Muster ab, sondern *erleben* bewusst und aktiv. Dabei werden Sie auch Ihre Gefühle bewusster wahrnehmen und schneller merken, wie es Ihnen in welcher Situation geht. Sie erkennen insofern auch leichter, wenn sich ungeliebte Handlungsmuster einschleichen oder Sie einfach nur aus Gewohnheit handeln – etwa, wenn Sie sich schlichtweg aus Gewohnheit nach dem Essen vor den Fernseher setzen. Solche Muster können Sie entsprechend auch besser bearbeiten und verändern, wenn Sie achtsam sind. Schließlich ist der erste Schritt Richtung Veränderung immer der, die bisherigen Muster zu *erkennen* und *anzunehmen*. Achtsamkeit hat noch einen weiteren Effekt: Sie lehrt, Abstand zu nehmen und Frieden im Alltag zu finden. Wer lernt, auch solche Emotionen und Gedanken neutral anzunehmen, die normalerweise als negativ betrachtet werden würden, kann im Alltag oftmals viel entspannter unterwegs sein. Sie lernen, Frust und frustrierende Situationen anzunehmen, ohne zu bewerten. Das Gleiche gilt für alle positiven Empfindungen: Sie lernen, sie anzunehmen, ohne sich Sorgen zu machen, dass die Freude bald wieder verschwinden könnte. Sie werden lernen, Angst anzunehmen, ohne sich selbst für diese Angst zu verurteilen oder zu beschimpfen. Beim Thema Achtsamkeit geht es darum, all diese Emotionen anzunehmen – nicht mehr und nicht weniger.

Wie also gelingt es Ihnen, Achtsamkeit zu praktizieren? Es gibt ein paar Methoden und Trainingsschritte, die Sie nutzen können, um Ihren Alltag achtsamer zu gestalten. Ganz wichtig ist, sich von vornherein daran zu erinnern, dass Gefühle und Gedanken flüchtig und selten substanziell sind. Sie können sich in einem Augenblick absolut großartig fühlen und 20 Minuten später schon schlagartig traurig oder verängstigt sein. Eine Stunde später haben Sie wahrscheinlich wieder beste Laune. Gefühle verändern sich schnell und werden oftmals durch kleine Auslöser getriggert. Vergegenwärtigen Sie sich also regelmäßig, dass Ihre Gefühle kein Dauerzustand sind.

Sprache spielt ebenfalls eine bedeutende Rolle beim Thema Achtsamkeit. Viele Menschen identifizieren sich (zumindest sprachlich) mit ihren Gefühlen. Das lässt die Emotionen deutlich intensiver erscheinen.

Beispiel: „Ich bin traurig“, „Ich bin ängstlich“

Wenn Sie sich auf die Art mit den Emotionen identifizieren, kann das jedoch das Gefühl noch verstärken. Sie können gar nicht anders, als die Emotionen zu bewerten, weil sie ein scheinbar fest verknüpfter Teil von Ihnen sind. Schon kleine sprachliche Veränderungen können Sie daran erinnern, dass Ihre Gefühle eben nicht dauerhaft zu Ihnen gehören, sondern vergänglich und wechselbar sind. Sagen Sie sich das nächste Mal also lieber:

„Ich *spüre* Angst“,
„Ich *empfinde* Trauer“ oder „*Ich fühle mich* unsicher“.

Mit einfachen Sätzen wie diesen rufen Sie sich in Erinnerung, dass Sie nicht durch Ihre veränderbaren Gefühle definiert werden. Außerdem bewerten solche simplen Sätze Ihre Emotionen nicht, was dazu beiträgt, der Situation einen neutralen Charakter zu verleihen. Auf diese Weise hilft Achtsamkeit dabei, klarer und lebendiger zu werden. Sie erleben mehr Ausgeglichenheit im Alltag und können dadurch Stress langfristig reduzieren. Moderne Studien zeigen sogar, dass Achtsamkeit bei Belastungsstörungen oder Angsterkrankungen beruhigend wirken kann. Achtsamkeit unterstützt außerdem Ihre Selbststeuerungsfähigkeiten, sodass Sie sich langfristig stärker und selbstbewusster fühlen. Langfristig können diese Übungen auch dazu beitragen, dass Sie allgemein fokussierter werden, konzentrierter und produktiver arbeiten und sich insgesamt ruhiger und stabiler fühlen.

Achtsamkeitsübungen können Sie auf viele Elemente anwenden. Sie können Achtsamkeit für Ihren eigenen Körper lernen, für die Gefühls- und Emotionswelt, für Gedanken und Impulse, für Bedürfnisse, Handlungen und letztlich auch für die Umgebung. Viele Achtsamkeitsübungen verbinden mehrere dieser Elemente miteinander.

Achtsamkeitsübung:
Eine der einfachsten Achtsamkeitsübungen ist die sogenannte Rosinenübung. Für diese benötigen Sie nur eine kleine Rosine oder ein anderes Stück Trockenobst oder auch eine Nuss nach Ihrem Belieben. Nehmen Sie sich einen Moment Zeit und praktizieren Sie das achtsame Essen der Rosine. Beginnen Sie wie folgt:

1. Schritt: Visuelle Erfassung
Nehmen Sie die Rosine (oder was immer Sie essen) in die Hand und begutachten Sie sie genau. Welche Farbe hat die Rosine? Schimmert sie? Ist die Haut runzelig oder glatt? Was fällt Ihnen noch auf? Versuchen Sie, die Rosine visuell so intensiv wie möglich wahrzunehmen. Ganz wichtig bei dieser Übung: Bewerten Sie nicht. Konzentrieren Sie sich auf die reine Wahrnehmung. Sagen Sie sich also nicht Dinge wie: „Die Rosine sieht eklig runzelig aus." – sagen Sie lieber: „Die Rosine hat eine runzelige Haut."

2. Schritt: Haptische Erfassung
Haben Sie die Rosine visuell erfasst, gehen Sie zur Haptik über. Wie fühlt sich die Rosine an? Ist sie weich oder hart? Warm oder kalt? Rau oder glatt? Nehmen Sie sich auch hier ruhig einen langen Augenblick Zeit.

3. Schritt: Olfaktorische Erfassung
Anschließend gehen Sie zum Geruchssinn über. Riechen Sie etwas, wenn Sie an der Rosine schnuppern?

4. Schritt: Auditive Erfassung
Haben Sie auch das gemacht, dürfen Sie gerne noch sanft auf die Rosine drücken und horchen, ob Sie irgendwelche Geräusche wahrnehmen.

5. Schritt: Gustatorische Erfassung

Dann erst nehmen Sie die Rosine in den Mund. Bevor Sie sie jedoch zerkauen, nehmen Sie sich auch jetzt noch einen Moment Zeit, um die Rosine vollständig zu erfassen. Fahren Sie mit der Zunge darüber, spüren Sie, wie sie sich anfühlt. Beißen und kauen Sie sanft und beobachten Sie, was passiert. Tritt Saft aus? Wie schmeckt die Rosine? Achten Sie hier ganz besonders darauf, dass Sie sich nicht zu einem „gut" oder „schlecht" verleiten lassen. Sagen Sie lieber „süß", „saftig", „sauer", „herb" – was immer Ihnen einfällt, um die Rosine bestmöglich zu beschreiben. Wenn Sie den Geschmack vollständig erfasst haben und Ihnen auch sonst nichts weiter auffällt (hören Sie Ihre eigenen Kaugeräusche?), schlucken Sie die Rosine herunter.

Die ganze Übung wird Ihnen bewusst machen, wie viele Eindrücke im Alltag verloren gehen. Sie ist eine wunderbare Übung, um Achtsamkeit zu trainieren und regelmäßig in den Alltag zu integrieren. Das Beste an der Übung: Sie kostet Sie nur wenige Minuten und Sie benötigen nur ein kleines Stück Trockenobst oder ein ähnliches Nahrungsmittel. Die Übung lässt sich daher bestens in den Alltag einbauen.

Andere Achtsamkeitsübungen können beispielsweise mit Meditationen oder einfachen Alltagsangelegenheiten verbunden werden. Hier ein paar Beispiele:

1. Nehmen Sie sich fünf Minuten für eine Achtsamkeitsmeditation und horchen Sie in Ihren Körper hinein. Schließen Sie die Augen, nehmen Sie ein paar tiefe Atemzüge und erspüren Sie Ihre Atmung in Ihrem Körper. Fühlen Sie die Luft in den Lungen, im Bauchraum, im Rachen?

2. Nutzen Sie Ihre Morgenroutine und bauen Sie Achtsamkeit ein. Schließen Sie die Augen, während Sie den Wasserkocher für Tee oder Kaffee ansetzen (oder während die Kaffeemaschine läuft), und versuchen Sie bewusst, Ihre Umgebung wahrzunehmen. Welche Geräusche hören Sie? Können Sie erkennen, dass das Wasser kocht? Spüren Sie Dampf von der Wärme? Riechen Sie etwas?

3. Nutzen Sie den Weg zur Arbeit oder einen Spaziergang für eine kurze Übung. Schauen Sie sich einmal ganz bewusst Ihre Umgebung an. Stellen Sie Musik oder Podcast für fünf Minuten aus und lauschen Sie den Geräuschen Ihrer Umwelt. Hören Sie Vögel oder Menschen? Das Rauschen des Windes? Welche Gerüche liegen in der Luft? Was sehen Sie? Welche Details fallen Ihnen auf? Haben beispielsweise einige Bäume schon Blätter verloren oder sehen Sie irgendwo ein Tier?

Auf diese einfache Art bringen Sie Achtsamkeit zu jeder Zeit in Ihrem Alltag unter. Ihrer Kreativität sind dabei keine Grenzen gesetzt. Solange Sie sich ein paar Minuten Zeit nehmen, sich auf etwas zu konzentrieren, können Sie immer und überall eine Achtsamkeitsübung durchführen.

Manifestation und Affirmation

Manifestationen und Affirmationen gehen Hand in Hand und helfen dabei, die Kraft der Gedanken zu nutzen. Mit Manifestationen sollen Gedanken verfestigt werden, bis sie sich schließlich in Taten umwandeln. Manifestierte positive Gedanken wirken richtungsweisend und machen frei von Sorgen. Grundsätzlich beginnt das Manifestieren damit, Klarheit über Gedanken und Wünsche zu schaffen. Sie können sich dafür beispielsweise an Ihren bereits formulierten Kaizen-Zielen orientieren. Haben Sie Klarheit über Ihre Gedanken, gelingt das Manifestieren über Visualisierungen, Affirmationen und Meditationen. Diese Gedanken sollen möglichst viel Raum und Energie erhalten.

Viele Gedanken werden von uns im Alltag unbewusst manifestiert. Vielleicht kennen Sie das: Ihnen schießt eine Idee durch den Kopf und plötzlich sehen Sie automatisch immer mehr Dinge, die zu dieser Idee passen. Sie fangen an, mit anderen Menschen darüber zu reden, und die Idee verfestigt sich. Sie erhält immer mehr Raum in Ihrem Gehirn, bis sich schließlich eine Gelegenheit ergibt, sie in die Tat umzusetzen.

Ein Beispiel: Sie sehen eine Werbung für günstige Urlaubsreisen in ein Land, das Sie noch nie zuvor besucht haben. Sie denken schlagartig darüber nach, ob Sie ein Ausflug dorthin interessieren würde. Plötzlich sehen Sie überall Werbung für Urlaubsreisen in dieses Land. Sie reden mit Freunden darüber und finden ganz sicher jemanden, der schon einmal dort gewesen ist. Der Gedanke verfestigt sich und Sie werden immer überzeugter davon, dass Sie gerne dort hinfahren würden. Sicherlich fällt Ihnen dazu auch ein Beispiel aus Ihrem Leben ein.

Leider funktioniert das unbewusste Manifestieren auch bei unangenehmen Gedanken. Je mehr Energie Sie in Sorgen und Ängste investieren, desto größer werden diese. Es ist nur allzu leicht, sich in eine Angst hineinzusteigern, indem man immer wieder daran denkt, neue Worst-Case-

Szenarien gedanklich durchspielt und immer häufiger darüber redet. Ganz sicher finden Sie auch dann Menschen, die eines oder mehrere Ihrer gedanklichen Horror-Szenarien bereits durchgemacht haben. Bestimmt hätten Sie auch Menschen gefunden, die großartige Erfahrungen gemacht haben, doch darauf fokussiert sich Ihr Gehirn gerade nicht. Ihnen bleiben vielmehr die schlechten Erfahrungen im Gedächtnis, weil die Ihre Sorgen und Theorien bestätigen. Irgendwann wird die Angst so lähmend, dass Sie gar nicht erst anfangen, etwas zu verändern, oder dass etwas aus Nervosität und Unsicherheit tatsächlich schiefgeht.nGenau deshalb ist es wichtig, das Manifestieren bewusst zu trainieren. Langfristig können Sie damit auch größere Wünsche verwirklichen. Manifestationen geschehen in der Regel in drei Schritten:

1. Die Initialzündung – zündende Idee
1. Die Verstärkung – Intensivierung der Idee
2. Die Kreation – Konkretisierung der Idee

Initialzündung

Auf der Stufe der Initialzündung (auch Stufe des Bewusstseins genannt) kommen die Gedanken und Ideen überhaupt erst hoch. Es ist der Beginn eines wachsenden Gedankens.

Verstärkung

Auf der zweiten Stufe beginnt das Verdichten der Energie. Die Gedanken werden immer konkreter und immer intensiver. Immer mehr Energie wird aufgebraucht und die Gedanken verfestigen sich langsam.

Kreation

Auf der dritten Stufe schließlich nehmen die Energien konkrete Formen an und werden als Taten und Erfahrungen sichtbar. Die Gedanken haben nun merklich so viel Raum eingenommen, dass sie Auswirkungen auf das Erleben haben.

Wichtig für das Manifestieren ist vor allem das Verinnerlichen der Gefühle und Emotionen. Affirmationen können dabei ein wichtiges Werkzeug sein.

Affirmationen sind bejahende Aussagen, das heißt positiv formulierte Sätze, die auf einen Zielfokus gerichtet sind und regelmäßig wiederholt werden.

Der Begriff geht auf das lateinische Wort „affirmatio" zurück und bedeutet so viel wie „Beteuerung" oder „Versicherung". Damit Affirmationen als Werkzeug funktionieren, ist der Zielfokus besonders wichtig. Eine Affirmation muss mit einem Ziel bzw. einer bestimmten Richtung verbunden werden. Das Ziel kann zum Beispiel mehr Selbstbewusstsein sein. In dem Fall könnten bejahende Aussagen wie folgt aussehen:

- „Ich bin selbstsicher."
- „Ich bin stark."
- „Ich schaffe alles, was ich mir vornehme."
- „Ich vertraue auf meine Fähigkeiten."
- „Ich bin mutig."

Solche und ähnliche Aussagen bejahen den Kern des Selbstbewusstseins. Sie sollen die innere Einstellung beeinflussen, indem sie bereits bestätigen, was der Sprecher sich wünscht. Damit der Effekt auch eintritt, werden Affirmationen regelmäßig über einen längeren Zeitraum wiederholt. Das soll eine Affirmation zu einer Denkgewohnheit werden lassen. Wenn Sie sich jeden Tag diese Sätze vorsagen, werden diese Gedanken sich verinnerlichen und zur Gewohnheit werden. Früher oder später werden Sie sich weniger häufig an die Botschaften erinnern müssen und immer häufiger von alleine daran denken. Sie manifestieren mit Affirmationen Gedanken.

Wichtig ist, dass Sie die Botschaften so gut es geht *verinnerlichen*. Das bedeutet: Sie sollen die Affirmationen nicht emotionslos und platt aufsagen, wie etwa eine Formel, die Sie in der Schule gelernt haben. Vielmehr sollten Sie versuchen, die Affirmationen mit Emotionen zu verknüpfen. Verleihen Sie Ihren Affirmationen mehr Intensität, indem Sie versuchen, sich mit dem zugehörigen Gefühl zu verbinden.

Versuchen Sie beispielsweise, sich intensiv vorzustellen, wie sich Mut und Selbstvertrauen anfühlen. Noch mehr Intensität erhalten die Affirmationen, wenn Sie sich dabei im Spiegel in die Augen schauen können. Schauen Sie sich bewusst an, lächeln Sie selbstsicher und sagen Sie sich selbst Ihre Affirmationen auf. Sie werden staunen, wie viel größer der Effekt ist. Hier ein paar Beispiele für Bereiche, in denen Affirmationen nützlich sein können:

1. Selbstvertrauen und Mut
2. Sicherheit und Zuversicht
3. Liebe
4. Freundschaft
5. Selbstwertgefühl
6. Finanzielles Mindset
7. Beruflicher Erfolg
8. Gesundheit

Im Grunde können Affirmationen in jedem Lebensbereich hilfreich sein. Diese Liste ist daher nur beispielhaft und keinesfalls abschließend.

Affirmations-Übung

In welchem Lebensbereich würden Sie mit Kaizen gerne Veränderungen bewirken? Welche Ziele haben Sie sich bis hier her bereits ausgesucht? Suchen Sie sich einen oder zwei Bereiche aus, die diese Ziele betreffen, und überlegen Sie sich jeweils fünf Affirmationen. Erstellen Sie eine Liste mit zehn verschiedenen Affirmationen.

Bevor Sie loslegen, noch **zwei kurze Beispiele**:
Sie möchten mehr Zeit in das Kochen investieren, um eine gesündere Lebensweise zu festigen. Affirmationen können den Bereich Gesundheit und gesunde Ernährung bestens unterstützen. Passende Affirmationen könnten lauten:

1. Ich ehre und liebe meinen Körper und behandle ihn entsprechend gut.
2. Ich gebe meinem Körper alle Nährstoffe, die er benötigt.
3. Ich stärke meinen Körper mit jedem Tag.
4. Mein Körper ist mein Tempel.
5. Ich genieße einen ausgewogenen Lebensstil.

Sie haben sich das Ziel gesetzt, stärkere Bindungen zu anderen Menschen aufzubauen. Affirmationen können hier die Bereiche Liebe, Freundschaft, Selbstliebe, Kommunikation und viele weitere unterstützen. Fünf passende Affirmationen könnten wie folgt lauten:

1. Ich liebe und bin es wert, geliebt zu werden.
2. Ich akzeptiere mich mit allen Stärken und Schwächen.
3. Ich akzeptiere andere Menschen mit ihren Stärken und Schwächen.
4. Ich bin ehrlich und aufrichtig.
5. Ich bin offen und kann auf andere Menschen zugehen.

Denken Sie daran, dass Affirmationen positiv formuliert sein müssen, also nicht „Ich habe keine Angst", sondern vielmehr „Ich bin tapfer, ich bin mutig".

Jetzt sind Sie an der Reihe: Schreiben Sie eine Liste mit zehn Affirmationen, die Sie sich von nun an aufsagen möchten. Wenn es Ihnen sehr schwerfällt, die Affirmationen auf zwei Ziele oder Themenbereiche zu konzentrieren, dürfen Sie auch mehrere Bereiche abdecken.

1....

2....

3.....

4....

5....

6....

7....

8....

9....

10. ...

Legen Sie Ihre Affirmationen an einen Ort, an dem Sie sie regelmäßig griffbereit haben. Ein Zettel am Spiegel oder direkt auf dem Nachttisch sind beispielsweise gute Plätze. So fällt Ihr Blick zukünftig automatisch auf die Affirmationen. Sagen Sie sich die Affirmationen täglich auf. Es kostet Sie nur wenige Minuten. Wiederholen Sie die komplette Liste am besten mindestens zwei- bis dreimal hintereinander. Sprechen Sie ruhig und deutlich und schauen Sie sich dabei gerne im Spiegel an. Sie können die Liste nach und nach gerne erweitern.

Affirmationen sollten fest in den Alltag eingebunden werden. Dazu werden sie am besten zu einem regelmäßigen Zeitpunkt wiederholt – etwa jeden Morgen nach dem Aufstehen oder direkt vor dem Schlafengehen. Zusätzlich können Sie die Affirmationen – oder auch nur ausgewählte – immer wieder in akuten Situationen aufsagen, in denen Sie unsicher werden. Werden Sie beispielsweise in einer sozialen Situation nervös, kann es hilfreich sein, sich mit dem Aufsagen einiger Affirmationen mehr Selbstvertrauen und Ruhe zu geben. Sie lenken damit die Gedanken von der Nervosität und den unangenehmen Vorstellungen weg und hinüber zu positiven Aspekten und mutigen Glaubenssätzen.

Falls Sie sich anfangs unsicher sind, welche Gedanken Sie manifestieren sollten, kann es helfen, zunächst ungeliebte Glaubenssätze aufzuschreiben. Welche Glaubenssätze haben Sie verinnerlicht, die schädlich sein könnten? Vielleicht haben Sie das Gefühl, dass Sie sich schnell unsicher in der Gegenwart anderer Menschen fühlen. Das könnte daran liegen, dass Sie das Gefühl haben, schnell für Ihre Macken und Fehler verurteilt zu werden, was wiederum auf einem Gefühl aufbauen könnte, nicht gut genug zu sein. Glaubenssätze wie „Ich bin dümmer/langweiliger/ängstlicher als andere“ sind in keinem Fall hilfreich und sollten zeitnah behandelt werden. Nehmen Sie sich einen Moment Zeit, um negative Glaubenssätze zu entschlüsseln und in positive umzuwandeln.

Beispiel: „Ich bin dümmer als andere.“ –
„Ich bin klug und wissbegierig.“

Versuchen Sie wie in diesem Beispiel, auch davon wegzukommen, sich mit anderen zu vergleichen. Aussagen sollten Sie selbst betreffen – unabhängig davon, welche Menschen Sie umgeben.

Meditationen für positive Gedanken

Wie bereits mehrfach erwähnt, können Meditationen das Kontrollieren und Verfestigen positiver Gedanken sehr unterstützen. Eine einfache Meditation kann beispielsweise mit einer kurzen Achtsamkeitsübung beginnen und dann in das Visualisieren eines Wunsches übergehen. Probieren Sie eine solche Meditation mindestens einmal pro Woche aus. Versuchen Sie, die Meditation fünf Minuten lang durchzuziehen. Länger ist anfangs gar nicht notwendig. Mit der Zeit werden Sie mehr Übung erhalten und immer besser werden. Sie können dann anfangen, länger zu meditieren und Meditationen an mehreren Tagen der Woche einzubauen.

Beispielübung:

Sie wollen selbstbewusster im Umgang mit Ihren Mitmenschen werden. Beginnen Sie Ihre Meditation an einem ruhigen Ort, aufrecht sitzend und mit geschlossenen Augen.

1. Nehmen Sie fünf tiefe Atemzüge, um Ihre Atmung und Ihren Körper zu beruhigen.
2. Nehmen Sie fünf weitere Atemzüge und erspüren Sie konkret, wie die Luft durch Ihren Körper wandert. Fühlen Sie, wie kalte Luft aufgenommen wird und warme Luft nach draußen gelangt.
3. Nehmen Sie sich kurz Zeit, Ihren Körper zu erspüren. Beginnen Sie beim Kopf und wandern Sie hinunter bis zu den Füßen. Wie fühlt sich Ihr Körper an? Ist es irgendwo kalt oder warm? Spüren Sie Verspannungen oder ein Kribbeln? Bewerten Sie währenddessen nicht, sondern erkennen Sie lediglich Ihr Körpergefühl.
4. Stellen Sie sich jetzt vor, wie Sie selbstbewusster mit Ihren Mitmenschen reden. Visualisieren Sie ein Gespräch mit einer anderen Person. Sie gehen auf sie zu und stellen ihr eine simple Frage. Sie lachen, die Person antwortet sehr freundlich. Visualisieren Sie ein kurzes, aber entspanntes Gespräch.
5. Beenden Sie das Gespräch gedanklich und lenken Sie die Aufmerksamkeit wieder auf Ihre Atmung. Nehmen Sie noch einmal fünf tiefe Atemzüge und lenken Sie den Fokus wieder auf das Hier und Jetzt.
6. Öffnen Sie die Augen, wenn Sie sich bereit fühlen.

Anfangs können Ihnen beispielsweise Apps und Videos mit geführten Meditationen helfen oder auch nachfolgende geführte Meditation ‚Grübeleien loslassen'. Mit der Zeit werden Ihnen auch freie und eigenverantwortliche Meditationen immer leichter fallen.

Grübeleien loslassen

https://bit.ly/3HdAvHK
Link oder QR-Code zum Audio-Guide

„Hallo und herzlich willkommen. Schön, dass du da bist! Heute möchte ich dir zeigen, wie du Grübeleien und Sorgen bewusst loslassen kannst. Suche dir für die Übung einen ruhigen Ort, an dem du für die nächsten zehn Minuten ganz ungestört für dich sein kannst. Vielleicht kennst du die Gedankenschleifen, die dich oft für ein paar Stunden oder manchmal sogar für einige Tage begleiten? Gedanken, die dich nicht loslassen wollen, dich immer ablenken und nicht zur Ruhe kommen lassen. Natürlich sind all unsere Gedanken und Emotionen wertvoll und haben es verdient, ihren Raum zu bekommen. Und auch hinter Ängsten können sich wichtige Botschaften verbergen. All diese Dinge wollen wahrgenommen und verstanden werden. Sich mit seinen Gedanken, Emotionen und Ängsten auseinanderzusetzen, ist sehr wichtig für die Gesundheit und die emotionale Stabilität. Doch dazu gehört es auch, dass wir selbst darüber bestimmen, wann wir uns mit welchem Thema und mit welchen Gedanken beschäftigen. Diese Themen und Gedanken dürfen nicht uns bestimmen. Daher lernen wir heute, dieses Gedankenkarussell bewusst zu verlassen. Diese Übung zeigt dir, wie du da herausfinden kannst. Sie ist für einen aktuellen Moment ausgerichtet. Du kannst sie also immer anwenden, wenn du leichte Angst oder Unsicherheit verspürst oder dich in einem Hamsterrad aus Gedanken gefangen fühlst. Setze dich zunächst auf einen Stuhl. Beide Füße stehen dabei sicher auf dem Boden. Du atmest tief durch die Nase ein und mit der Ausatmung entspannst du deine Muskulatur. Atme also tief ein und mit der Ausatmung lässt du die Anspannung in dir gehen. Und noch einmal. Tief einatmen und langsam ausatmen. Und dann sieh dich da, wo du gerade bist, einmal um. Denn in dieser Übung konzentrieren wir uns bewusst auf unsere Sinne, um aus dem Hamsterrad hinauszugelangen. Suche dir nun fünf Dinge in deiner Umgebung, die du sehen kannst. Das kann ein Tisch sein, die Uhr oder die Zimmerpflanze. Benenne diese fünf Dinge, die du sehen kannst. Konzentriere dich danach auf vier Dinge, die du gerade fühlst. Das kann die Hose auf deiner Haut sein, der Untergrund unter den Füßen oder der Stuhl, auf dem du sitzt. Benenne nun also vier Dinge, die du gerade fühlen kannst. Jetzt geht es ums Hören. Benenne drei Dinge, die du hören kannst, drei Geräusche, die du wahrnimmst. Vielleicht rauscht die Heizung im Hintergrund, du hörst draußen das Vogelgezwitscher oder Autos vorbeifahren. Was kannst du hören? Benenne nun diese drei Dinge.

Nun wird es etwas schwieriger. Versuche, zwei Sachen zu riechen. Gibt es zwei Gerüche oder Aromen, die du wahrnehmen kannst? Du kannst auch gerne an etwas schnuppern. Vielleicht riecht dein Oberteil nach Waschmittel oder deine Hände riechen nach Seife. Vielleicht nimmst du auch einen Geruch von Essen wahr. Benenne also nun zwei Dinge, die du riechen kannst. Als Letztes bitte ich dich, einmal ganz bewusst den Geschmack in deinem Mund wahrzunehmen. Konzentriere dich darauf. Wahrscheinlich ist der Geschmack schon seit längerer Zeit da, aber du nimmst ihn jetzt erst so richtig wahr. Vielleicht ist es noch ein Geschmack von Zahnpasta oder deines letzten Essens. Vielleicht ist es auch eher ein neutraler Geschmack, der sich gar nicht zuordnen lässt. Das ist auch vollkommen in Ordnung. Beschreibe nun den Geschmack in deinem Mund so genau wie möglich

Beende die Übung, indem du dich reckst und streckst. Bedanke dich bei dir, dass du dir bewusst die Zeit genommen hast, um dich besser zu fühlen. Wenn es dir dein Kreislauf ermöglicht, dann stehe danach sofort auf. Bleibe nicht sitzen. Beschäftige dich. Vielleicht räumst du die Spülmaschine aus, du möchtest dir einen Tee machen oder du gehst mit einem Freund oder einer Freundin spazieren. Gehe direkt in eine Aktion über. Mache etwas, wobei du dich bewegst und was dir Spaß macht. Danke, dass du dabei warst. Ich wünsche dir einen tollen und fröhlichen Tag!“

JEDER MENSCH, DEN WIR TREFFEN, IST EIN SPIEGEL

Menschliche Begegnungen und soziale Beziehungen sind essenziell für den Wandel, den wir vollziehen. Im Laufe unseres Lebens begegnen wir den unterschiedlichsten Menschen – wir machen schöne und unangenehme Erfahrungen, doch jede Erfahrung lehrt uns etwas. Dabei ist jede Begegnung einzigartig und auf ihre individuelle Art und Weise lehrreich.

Liebevolle Beziehungen

Liebevolle Beziehungen zu Freunden, Familienmitgliedern und romantischen Partnern sind für jeden Menschen wichtig. Sie sorgen dafür, dass Vertrauen gelernt wird und ein sicheres Auffangnetz entsteht. Gleichzeitig besitzen viele der Menschen, die wir gernhaben, Eigenschaften von uns. Am stärksten ausgeprägt ist dies bei den eigenen Kindern. Wer eigene Kinder hat, weiß, wie häufig man Eigenschaften von sich selbst oder dem Partner in ihnen wiederfindet. Das liegt nicht nur am genetischen Material, sondern auch daran, dass Eltern ihren Kindern Verhaltensweisen vorleben, die sie nachahmen. Leider gilt dies nicht nur für die guten, sondern auch für die ungeliebten Eigenschaften. Selbst bei Freunden und Partnern können uns solche Verhaltensweisen auffallen. Schließlich umgeben wir uns mit diesen Menschen regelmäßig und passen uns einander nur allzu leicht an. Man sagt nicht umsonst: „Wir sind der Schnitt aus den fünf Menschen, mit denen wir den meisten Kontakt haben." Menschen beeinflussen sich – ob bewusst oder unbewusst.

Da ein soziales Netz für jeden Menschen stärkend wirkt, sollten Sie lernen, diese wertvollen Beziehungen zu pflegen. Nehmen Sie sich Zeit zum Zuhören, legen Sie das Handy beiseite, wenn Sie sich mit diesen Menschen treffen, und sorgen Sie für eine Vertrauensbasis. Soziale Beziehungen leben von dem, was heutzutage gern als „Quality time" (zu Deutsch

„Qualitätszeit“) bezeichnet wird. Damit sind die Momente gemeint, in denen wir das Zusammensein mit anderen einfach nur genießen. Es geht dabei gar nicht um teure Ausflüge, großzügige Geschenke oder die verrücktesten Geschichten. Vielmehr ist bedeutsam, dass Sie mit der Aufmerksamkeit ganz bei diesen besonderen Menschen sind, dass Sie einander zuhören, den Moment auskosten, sich kennenlernen und Zeit füreinander frei halten. Der beste Trick, um den Fokus wirklich auf den anderen zu richten, ist tatsächlich, das Handy auszuschalten. Oder noch besser: Nehmen Sie das Handy gar nicht erst mit. Erlauben Sie sich, die Zeit zu vergessen, wenn Sie mit geliebten Menschen zusammen sind. Schalten Sie abends den Fernseher aus und unterhalten Sie sich. Ziehen Sie sich mit Ihrem Partner an einen ruhigen Ort zurück, anstatt jeden Urlaubstag umgeben von zahlreichen Ablenkungen zu verbringen. Sie werden sehen: Solche Momente sind kostbar und sorgen für viel mehr Wohlbefinden und Entspannung. Denken Sie auch an die Menschen, die Sie nicht regelmäßig sehen können. Rufen Sie doch einfach einmal spontan an oder schreiben Sie einen Brief. Schicken Sie Postkarten aus dem Urlaub oder unverhofft ein kleines Geschenk – einfach nur so. Selbst eine Nachricht über Messenger-Dienste kann einen positiven Effekt haben: Was immer für Sie gerade möglich ist, zeigen Sie den Menschen, wie viel Bedeutung sie haben. Für das Pflegen sozialer Bindungen sind auch die sogenannten „love languages“, zu Deutsch „Liebessprachen“, wichtig. Dieser Theorie nach zeigen Menschen ihre Liebe in unterschiedlichen Arten und Weisen. Die fünf großen Kategorien lauten:

1. Words of affirmation (positive und bestätigende Wörter)
2. Quality time (Qualitätszeit)
3. Acts of services (Serviceleistungen)
4. Gifts (Geschenke)
5. Physical touch (körperliche Berührungen)

Viele Menschen **empfangen** meistens eine Liebessprache einer Kategorie besonders gut. Gleichzeitig haben die meisten Menschen eine Kategorie, in der sie ihre Liebe hauptsächlich **zeigen**. Die favorisierte Kategorie muss dabei für das Empfangen und Geben nicht gleich sein – in vielen Fällen sind Menschen allerdings für die Liebessprache, die sie überwiegend nutzen, auch besonders empfänglich.

Ein Beispiel: Lieben Sie es, anderen mit kleinen Geschenken und Aufmerksamkeiten eine Freude zu machen? Finden Sie das schöner und erfüllender als beispielsweise bestätigende Worte oder körperliche Aufmerksamkeit? Dann ist das „gift giving" wahrscheinlich Ihre bevorzugte Liebessprache. Die Wahrscheinlichkeit, dass Sie in Geschenken anderer ebenfalls Liebe deuten (womöglich mehr als in unverhofften Berührungen), ist hoch. Um einander die Aufmerksamkeit und Liebe zu vermitteln, die wir benötigen, ist ein Verständnis für die Liebessprachen sehr hilfreich. In vielen Fällen bemerken wir gar nicht, wie sehr ein anderer Mensch uns wertschätzt, weil wir nicht die gleiche Sprache nutzen. Haben Sie beispielsweise einen Freund, der Ihnen niemals sagt, wie wichtig Sie für ihn sind, kann das den Eindruck vermitteln, dass die Freundschaft für ihn nicht die gleiche Bedeutung hat – zumindest, wenn Sie selbst sehr häufig wiederholen, wie wichtig die Freundschaft für Sie ist. Möglicherweise nutzt dieser Freund jedoch schlichtweg eine andere Sprache und zeigt Ihnen die Bedeutung der Freundschaft dadurch, dass er jederzeit bereit ist, Ihnen einen Gefallen zu tun. Vielleicht übernimmt er sogar häufig, ohne dass Sie fragen müssen, kleine Serviceleistungen für Sie. Beispielsweise bringt er Ihnen etwas vom Einkaufen mit, das Sie gebrauchen können, repariert etwas im Haushalt für Sie oder fährt Sie irgendwohin, damit Sie nicht laufen müssen. Wenn wir lernen, zu verstehen, dass wir unterschiedliche Sprachen sprechen, wenn es um Liebe geht, stärkt das Beziehungen ungemein. Wir werden empfänglicher für die Sprachen anderer und können außerdem gezielt daran arbeiten, Liebe in einer Sprache zu vermitteln, die andere verstehen und gerne nutzen.

Unangenehme Begegnungen

Wie bereits erwähnt, sind auch unangenehme Begegnungen lehrreich. Auch dies liegt unter anderem daran, dass jeder Mensch wie ein Spiegel funktioniert. Menschen, die wir nicht mögen, zeigen uns häufig Verhaltensweisen, die wir an uns selbst nicht mögen. Auch wenn wir dies nicht immer auf den ersten Blick wahrnehmen, mögen wir Menschen sehr häufig nicht, weil sie uns an Charaktereigenschaften erinnern, die wir selber gerne ablegen möchten. Das muss nicht in jedem einzelnen Fall hundertprozentig zutreffen, allerdings stimmt es viel häufiger, als Sie zunächst denken werden. Es lohnt sich daher, bei der nächsten unangenehmen Begegnung genauer nachzudenken:

Was hat dieser Mensch, das ich nicht mag?
Kenne ich ähnliche Verhaltensweisen von mir selbst?

Sie werden erstaunt sein, wie oft Ihnen ähnliche Verhaltens- und Denkmuster auffallen, wenn Sie sich Zeit nehmen, ehrlich zu reflektieren. Überlegen Sie sich, welche Lektionen Sie aus Begegnungen lernen können. In den meisten Fällen zeigen uns unangenehme Begegnungen, dass wir an eigenen Verhaltensweisen arbeiten. Das kann entweder daran liegen, dass wir Verhaltensweisen vorgespiegelt bekommen, die wir nicht mögen, oder dass wir merken, dass es uns an anderen Fähigkeiten mangelt, die wir in der Begegnung gebraucht hätten. Haben Sie beispielsweise einen Menschen kennengelernt, der Ihnen das Gefühl gibt, Sie auszunutzen, kann die Lektion daraus sein, dass Sie lernen müssen, klare Grenzen abzustecken. Wenn wir uns hinsetzen und in Ruhe darüber nachdenken, finden wir in den meisten Fällen wenigstens eine oder zwei Lektionen, die wir aus einer Begegnung mitnehmen können.

Dabei dürfen Sie sich selbstverständlich auch jedes Mal an das erinnern, was gut gelaufen ist. Haben Sie beispielsweise einem Menschen, der Sie ständig auszunutzen scheint, zumindest einmal ein „Nein“ als Antwort gegeben, dürfen Sie gerne stolz darauf sein, dass Ihnen dieser erste Schritt gelungen ist. Gerade die unangenehmen Begegnungen vermitteln uns wertvolle Lehren über unsere Erfolge, Ziele und die Bereiche, in denen noch Verbesserungspotenzial zu finden ist.

Nehmen Sie diesen Gedanken zukünftig zu jeder Begegnung mit Menschen mit. Ärgern Sie sich nicht über Begegnungen, die unangenehm waren, oder darüber, dass Sie gezwungen sind, mit einer ungeliebten Person längere Zeit zu verbringen (beispielsweise, weil diese Person ein Teamkollege auf der Arbeit ist). Akzeptieren Sie die Situation und erinnern Sie sich daran, dass Sie viel durch diese Beziehung lernen können.

Nehmen Sie an dieser Stelle eine kleine Übung vor: Denken Sie an die letzte unangenehme Person, die Ihnen begegnet ist, und versuchen Sie, drei Fragen zu beantworten:

1. Warum war diese Person so unangenehm? Was gefiel Ihnen nicht an der Begegnung?

____

____

____

____

2. Welche Eigenschaften finden Sie in sich selbst wieder, die zu dieser unangenehmen Begegnung passen? Was erkennen Sie in der Person?

____

____

____

3. Welche Lehre können Sie aus der Begegnung für die Zukunft ziehen?

____

____

____

____

RESILIENZ & UMGANG MIT HERAUSFORDERUNGEN

Resilienz ist eine innere Widerstandskraft. Resiliente Menschen zeichnen sich dadurch aus, dass sie auch schwierige Situationen gut überstehen und häufig sogar stärker aus ihnen hervorgehen. Wer besonders resilient ist, überwindet Krisenzeiten besser und kann mit Konflikten ruhiger umgehen. Resilienz ist daher ein wichtiger Faktor im Umgang mit Herausforderungen. Anstatt ohnmächtig herumzusitzen, schaffen resiliente Menschen es, Krisenzeiten gekonnt zu überwinden, Lösungen zu finden und aus ihnen Lösungen für die Zukunft zu ziehen. Manche Menschen scheinen von Natur aus resilienter zu sein als andere. Gleichzeitig hängt Resilienz auch von einigen Faktoren ab, die wir nicht oder nur schwer beeinflussen können. Die gute Nachricht ist jedoch: Sie können Resilienz auch ganz gezielt trainieren.

Die sieben Säulen der Resilienz

Als sieben Säulen der Resilienz werden sieben Charaktereigenschaften bezeichnet, die die Grundbausteine für eine ausgeprägte Fähigkeit zur Stress- und Krisenbewältigung bilden. Sie werden auch als Resilienzfaktoren beschrieben. Je mehr dieser Faktoren auf Sie zutreffen und je stärker die Eigenschaften ausgeprägt sind, desto resilienter werden Sie sein. Sie können diese Säulen daher auch wie einen Selbsttest nutzen und sich ehrlich fragen, wie stark diese Eigenschaft auf Sie zutrifft.

Die sieben Säulen lauten:

1. Selbstbewusstsein und Selbstwahrnehmung
2. Kontaktfreude, Bindungsfreude und Netzwerkorientierung
3. Akzeptanz
4. Lösungsorientiertheit
5. Optimismus
6. Realismus und Selbstreflexion
7. Verantwortung übernehmen und Handlungskontrolle

Die sieben Säulen werden nach den Modellen verschiedener Wissenschaftler und Coaches immer ein wenig anders formuliert. Letztlich sind die Kernelemente jedoch immer gleich.

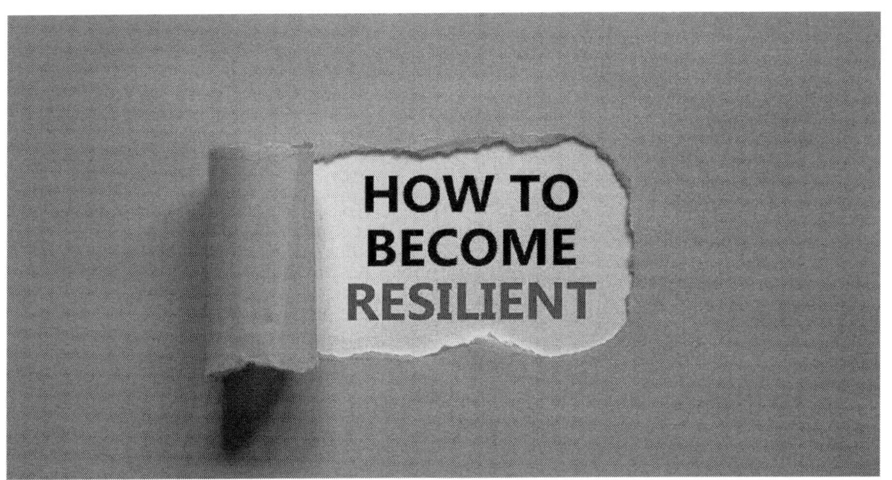

Wie man resilient wird...

Selbstbewusstsein und Selbstwahrnehmung

Die Säule des Selbstbewusstseins und der Selbstwahrnehmung besagt, dass ein gesundes Maß an Selbstvertrauen ein essenzieller Bestandteil von Resilienz ist. Das liegt auf der Hand: Wer selbstbewusst ist und Vertrauen in seine Fähigkeiten hat, traut sich auch in schwierigen Situationen eher zu, eine Lösung zu finden. Ein gesundes Maß an Selbstbewusstsein kann die Fähigkeit, Stress zu überwinden und sich auf einen Lösungsweg zu konzentrieren, maßgeblich beeinflussen. Wer hingegen kein gutes Selbstbild hat, wird sich wahrscheinlich nicht dazu in der Lage sehen, eigenständig aus einer Not- oder Krisenlage herauszukommen.

Kontaktfreude, Bindungsfreude und Netzwerkorientierung

Die zweite Säule beschreibt die Fähigkeit eines Menschen, soziale Bindungen und ein Auffangnetz aufzubauen. Wie wichtig soziale Bindungen sind, wurde im vorherigen Abschnitt bereits beschrieben. Ein stabiles soziales Netz stützt uns, lehrt uns und sorgt für größeres Vertrauen. Zukunftsaussichten werden nachhaltig besser bewertet, wenn soziale Bindungen voller Vertrauen und Liebe eingegangen werden.

Akzeptanz

Akzeptanz ist ebenfalls ein wichtiger Faktor für das Überwinden von Krisen. Nur wer eine Lage annimmt und akzeptiert, kann aus ihr herausfinden. Es hilft nichts, wenn Sie klagen und sich wünschen, Sie wären niemals in diese Lage geraten. Auch das Ausreden und Ausblenden der Umstände führt langfristig zu keiner Lösung. Nur, wer dazu in der Lage ist, eine missliche Situation zu akzeptieren, kann an ihr arbeiten.

Lösungsorientiertheit

Damit eine unangenehme Situation verändert werden kann, ist auch die Lösungsorientierung ein wichtiger Faktor. Menschen, die sich schnell auf Lösungsfindungsprozesse fokussieren, werden sehr viel häufiger Erfolg haben als solche, die sich nur auf die unangenehme Lage ausrichten. Wer schnell dazu bereit ist, sich einer Situation anzunehmen und realistisch zu gucken, wie aus dieser Lage herausgefunden werden kann, hat in der Regel mehr Zeit und Ruhe, sich mit der Lösung zu befassen. Ist der Fokus klar, fallen auch die Lösungen in der Regel besser aus. Wer hingegen den Blick auf die Angst, die Sorge und den Unmut lenkt, findet selbst kaum zu einer Lösung. Außerdem stärkt es einen Menschen, selber Lösungen zu finden. Wer hingegen immer wartet, bis andere ihm eine Lösung präsentieren, lernt daraus nichts. Er kann an der Lösung kaum wachsen.

Optimismus

Auch Optimismus ist ein tragender Faktor der Resilienz. Wer optimistisch denkt, ist eher gewillt, an eine Lösung zu glauben. Wer immer nur pessimistisch unterwegs ist, hat die Hoffnung an bessere Zeiten womöglich bald aufgegeben. Wer jedoch die Hoffnung und den Glauben an einen Ausweg aufgibt, wird auch nicht nach ihm suchen. Ein (gesundes) Maß an Optimismus ist daher absolut essenziell für die Krisenüberwindung.

Realismus und Selbstreflexion

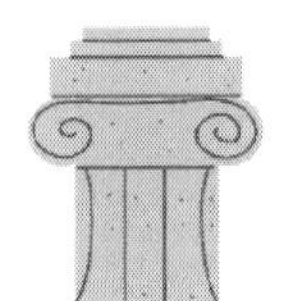

Realismus und Selbstreflexion gehören ebenfalls zu den wichtigsten Säulen. Optimismus ist für das Lösungsfinden wichtig – allerdings wird auch ein gesundes Maß an Realismus benötigt, um realistische Vorstellungen einer Lösung zu schaffen. In diesem Zusammenhang ist auch die Fähigkeit zur Selbstreflexion unerlässlich. Nur wenn Sie dazu in der Lage sind, sich selbst zu reflektieren und Ihre eigenen Stärken und Schwächen zu erkennen, können Sie realistische Lösungen und Lehren für eine Krise formulieren.

Verantwortung übernehmen und Handlungskontrolle

Letztlich haben resiliente Menschen auch ein hohes Maß an Verantwortungsgefühl und Handlungskontrolle. Sie fühlen sich nicht nur dazu in der Lage, ihre Situation zu verändern – sie betrachten es sogar als ihre eigene Verantwortung, sich darum zu kümmern. Sie warten nicht auf andere, weil sie wissen, dass sie sich selbst aus der Lage befreien können und müssen. Nur so können sie daran wachsen. Nur so lernen sie, unabhängig zu werden.

Resilienz erlernen

Resilienz kann erlernt werden. Die US-amerikanische Psychologenvereinigung hat dazu sogar eine Art Anleitung formuliert. Dort finden sich unter anderem Ratschläge wie die folgenden:

- Akzeptieren Sie den Wandel als etwas, das zum Leben dazugehört
- Betrachten Sie Krisen nicht als unüberwindbare Probleme
- Treffen Sie aktiv Entscheidungen und verlassen Sie die Opferrolle
- Sehen Sie die Dinge aus einer langfristigen Perspektive
- Denken Sie positiv über sich selbst

So wahr der Kern dieser Ratschläge sein mag, so sind sie doch selten hilfreich, wenn man nicht weiß, wo man anfangen soll oder wie diese Veränderungen gelingen können. Allerdings gibt es ein paar konkrete Methoden, die dabei helfen können, Resilienz gezielt zu trainieren.

Eine der wichtigsten Methoden haben Sie bereits kennengelernt: Pflegen Sie ein stabiles soziales Netzwerk. Kümmern Sie sich um die Menschen, die Ihnen wichtig sind, und halten Sie wertvolle Bindungen aufrecht. Lernen Sie einen neuen Umgang mit Krisen. Reflektieren Sie dafür zunächst bisherige Krisen. Das trainiert Ihre Selbstreflexion und lehrt Ihnen wichtige Erkenntnisse aus vergangenen Zeiten.

Denken Sie an all die Herausforderungen, die Sie bereits durchlebt haben. Jeder Mensch erlebt hin und wieder Krisen. Doch bislang haben Sie es immer gemeistert, sich aus diesen Krisen zu befreien. Es spricht also erst einmal nichts dagegen, dass Sie sich auch aus dieser Krise befreien können. Analysieren Sie vergangene Krisen und arbeiten Sie heraus, was Ihnen in früheren Zeiten geholfen hat, die Krise zu bewältigen.

Übung

Probieren Sie es direkt aus: Schreiben Sie Krisen auf, die Sie bereits durchlebt und überwunden haben. Listen Sie großzügig auf, welche Ereignisse Sie bereits bewältigt haben, egal, wie groß oder klein die Krisen sich für Sie anfühlen. Schreiben Sie stichpunktartig auch die Krisen auf, die für andere Menschen klein sein mögen. Es kommt nicht darauf an, was andere Menschen als Krisen empfinden würden, sondern darauf, was sich für Sie in dem Moment als Krise angefühlt hat.

____

____

____

____

Ein Beispiel an dieser Stelle, um das zu verdeutlichen. Ihre erste Krise könnte Ihr erster Liebeskummer gewesen sein. Andere Menschen würden rückblickend vielleicht sagen, dass die Beziehung damals ohnehin nicht lang gehalten hat oder dass Sie noch sehr jung waren – doch darum geht es erst einmal nicht. Hat es sich damals für Sie wie eine Krise angefühlt? Dann schreiben Sie dies nieder. Krisen kommen uns in dem Moment, in dem wir sie durchleben, immer größer und bedeutender vor als im Nachhinein. Genau das ist der Punkt. Das Aufschreiben aller Dinge, die Sie als Krisen empfunden und überwunden haben, soll Ihnen vergegenwärtigen, dass alle Krisen vergänglicher Natur sind – und dass Sie damals möglicherweise auch für eine Zeit lang dachten, Sie würden nie aus dem Gefühl herauskommen.

Wählen Sie nun eine dieser Krisen aus und schreiben Sie nieder, wie Sie diese Zeit überwunden haben. Nehmen Sie sich für diese Übung Zeit. Der Kernpunkt ist, genau zu analysieren, wie Sie die schwierige Phase überwunden haben.

Welche Techniken haben geholfen?
Welche Stimmungsphasen haben Sie durchlebt?
Welche Lehren können Sie daraus ziehen?
Welche Methoden haben Sie ausprobiert, die nicht geholfen haben?
Werden diese Techniken sehr wahrscheinlich
auch nächstes Mal nicht helfen?

Schreiben Sie alles auf, was Ihnen zur Analyse dieser Krisenbewältigung einfällt:

____

____

____

____

____

____

____

____

____

____

____

____

____

____

____

Sie können diese Übung regelmäßig mit anderen Stress- und Krisenphasen wiederholen. Legen Sie dafür gerne ein Tagebuch an. Sie werden erstaunt sein, wie viel Sie aus diesen Analysen lernen können. Generell gilt das Aufschreiben als gute Methode, Dinge zu verinnerlichen. Schreiben kann heilsam und lehrreich sein. Eine weitere Taktik, resilienter zu werden, ist daher auch das Tagebuchschreiben oder Journaling. Schreiben Sie sich regelmäßig auf, was Sie bewegt. Das können Kleinigkeiten des Alltags sein oder tiefe emotionale Phasen. Wenn Sie einen Rhythmus aufbauen und es zur Gewohnheit machen, alle inneren Prozesse niederzuschreiben, kann das sehr hilfreich sein. Zunächst werden Sie den Ballast los. Anschließend haben Sie mehr gedanklichen Freiraum zur Analyse der Dinge. Sie können das Aufschreiben auch nutzen, um Klarheit über Gedanken und Gefühle zu erhalten und um Situationen genauer zu analysieren. Erste Studien über das Aufschreiben von Gedanken zeigen, dass häufig schon nach einigen Tagen ein leichteres Gefühl bei Menschen eintreten kann. Sie werden sicherlich auch bald feststellen, dass das Aufschreiben Ihrer inneren Gefühlswelt Balsam für die Seele sein kann. Hier ist ein wenig Platz für Sie, um Ihre heutigen Gedanken und Emotionen niederzuschreiben:

Üben Sie sich darin, Niederlagen zu akzeptieren. Nicht alles im Leben läuft so, wie wir es uns wünschen. Niederlagen gehören zum Leben dazu – ob sie uns gefallen oder nicht. Das bedeutet nicht, dass irgendjemand daran Schuld hat oder eine böse Macht sich gegen Sie verschwört. Es bedeutet einfach, dass Irren menschlich ist und dass jederzeit unvorhergesehene Ereignisse eintreten können. Je besser Sie dies als Teil des normalen Lebens akzeptieren können, desto stärker werden Sie auch und desto besser wird Ihnen der Umgang mit der nächsten Krise gelingen. Lernen Sie, den Blick auf Lösungen zu richten. Es ist vollkommen in Ordnung, in einer stressigen Situation kurzzeitig verängstigt oder frustriert zu sein. Allerdings sollten Sie versuchen, sich aktiv daran zu erinnern, dass Ihr Fokus auf die Lösung gerichtet sein soll.

Erstens werden Sie die Lösung eines Problems schneller finden, je früher Sie sich mit ihr befassen. Zweitens wird Sie der Fokus auf die Lösung von der Angst vor dem Problem ablenken. Arbeiten Sie aktiv und versuchen Sie, sich daran zu erinnern, sobald Sie merken, dass Sie ängstlich oder nervös werden. Fragen Sie sich stets: Was kann <u>ich</u> *jetzt* unternehmen, um das Problem zu beseitigen? Welcher erste Schritt kann helfen, die richtige Richtung einzuschlagen? Eine weitere Methode, Resilienz zu stärken, ist das aktive Suchen von Herausforderungen. Im Leben werden Ihnen immer wieder neue Herausforderungen begegnen. Wenn Sie aktiv danach suchen, können Sie sich zwischendurch die Herausforderungen aussuchen. Das kann einen großen Selbstbewusstseinsschub geben. Herausforderungen regen zum Wachsen an. Sie lehren uns neue Erkenntnisse und wir sammeln Erfahrungen. Wir erweitern unsere Perspektiven und unser Wissensspektrum, indem wir uns Herausforderungen stellen und neue Lösungen suchen. Kurzum: Durch das gezielte Suchen von Herausforderungen fördern Sie Ihr persönliches Wachstum in allen Bereichen. Außerdem hilft es, sich regelmäßig daran erinnern zu können, wie viele bewusst gewählte Herausforderungen Sie bereits bewältigt haben. Sie sehen daran, wie viel Mut Sie bereits an anderer Stelle aufbringen konnten, und können mit Stolz auf diese Erfolge zurückblicken.

ALLES IST IM FLUSS: IN BEWEGUNG IM INNEN & AUSSEN SEIN

Kaizen baut auf dem Konzept auf, dass alles im Leben im Fluss ist: Energien innen und außen. Das bedeutet, dass auch Bewegung essenzieller Bestandteil des Alltags sein muss. Das einfachste Beispiel dafür, welchen Einfluss rhythmische Bewegungen auf das Wohlbefinden haben können, ist die Atmung. Die Art, wie sanft oder schnell Ihr Atem durch Ihren Körper fließt, beeinflusst Ihren Ruhe- oder Stresszustand merklich. Atemübungen sowie sanfte Bewegungseinheiten im Alltag können daher große Veränderungen bewirken. Sie wirken sich nachhaltig auf eine gesunde Psyche und einen stabilen Geisteszustand aus. Neben bestimmten Atemtechniken sind Yoga und Thai-Chi ideale Ergänzungen des Alltags. Beide Techniken zeigen, wie wertvoll sanfte Bewegung sein kann.

Yoga

Das Wort Yoga kommt aus dem Sanskrit, einer alten hinduistischen Schriftsprache. Sie zählt zu den ältesten Schriftsprachen der Welt und gilt in vielen Kulturen als heilig. Das Wort Yoga leitet sich von dem Begriff „yui" ab, was so viel wie „zusammenbinden" bedeutet. Yoga wird demnach heute in etwa mit „Vereinigung" übersetzt.

Die Praktik entstand vor mehreren tausenden Jahren aus einer indischen Lehre. Körper und Geist sollen mit Yoga zusammengebracht, vereint werden. Yoga verbindet gleichmäßige Bewegungen mit einem fließenden Atem. Der Erfolg dieser Technik macht sich auch heute bemerkbar: Selbst bis ins 21. Jahrhundert hat sich die Methode gehalten und bewährt. Heute hat Yoga sogar so viele Anhänger wie nie zuvor. Alleine in Deutschland praktizieren mehr als fünf Millionen Menschen regelmäßig Yogaübungen – ob zu Hause oder in einem Kurs mit anderen. Viele

Menschen geben an, dass das regelmäßige Praktizieren nachhaltig ihr psychisches und körperliches Wohlbefinden steigert.

Yoga wird als lebendig betrachtet und entwickelt sich über einen längeren Zeitraum in immer neue Richtungen. Praktizierende versuchen, mit verschiedenen Techniken eine Art geistigen Frieden und Klarheit zu erlangen. Viele Menschen nutzen Yoga zusätzlich als eine Art sanftes Workout, um dem Körper Kraft zu schenken. Andere wiederum genießen vor allem den Effekt, einen klaren Kopf zu bekommen und Stress abzubauen. Die gesundheitlichen Vorteile der sanften Bewegungen sind bereits vielen Menschen bekannt und zu einem nicht unerheblichen Teil wissenschaftlich belegt.

Yoga wurde entwickelt, um einen Weg zu finden, mit sich ins Reine zu kommen. Dabei ist von Bedeutung – und das unterscheidet Yoga von anderen Techniken –, dass sich die Methode auf körperlicher, emotionaler und mentaler Ebene auswirkt. Diese ganzheitliche Philosophie ist im Buddhismus und im Hinduismus tief verwurzelt. Diese Gemeinschaft verbindet Yoga auch mit der Kaizen-Lehre. Auch bei Yoga geht es um langsames Verändern, um eine Bewusstseinsveränderung, um Klarheit und um sanfte Schritte.

Kein Yogi (damit ist ein Yoga-Lehrer gemeint) wird Ihnen lehren, dass Sie bestimmte Übungen und Positionen innerhalb einer bestimmten Zeit erlernen sollen. Vielmehr geht es darum, regelmäßig auf die Matte zu steigen und sich in kleinen Schritten zu verbessern – einfach, indem Sie jedes Mal Ihr Bestes versuchen. Diese sanfte Methode ist sicherlich auch deshalb so beliebt geworden, weil sie eine gute Antwort auf den hektischen Alltag des 21. Jahrhunderts ist. Während viele Alltagsbereiche heutzutage davon leben, schnell nach großen Veränderungen zu streben, geht es im Yoga gerade darum, die Dinge langsam angehen zu lassen. Dieser Ausgleich ist das, was viele Menschen an Yoga schätzen.

Rein auf den Körper bezogen ist Yoga eine Mischung aus fließenden Bewegungen, Balance und Kraftübungen. Mit Yoga lernen Sie, das

Gleichgewicht auf ein Bein, auf die Hände oder den Kopf zu verlagern. Dies trainiert nicht nur den Gleichgewichtssinn, sondern auch die Geduld und den Ehrgeiz. Gleichzeitig trainiert Yoga die Muskeln und das eigene Körpergefühl. Wer regelmäßig über einen längeren Zeitraum hinweg praktiziert, wird ein deutlich anderes Körpergefühl erlangen und sehr viel aufmerksamer in Bezug auf die körperliche Gesundheit werden.

Die Lehre von innerlicher und äußerlicher Balance kennen Sie möglicherweise auch aus der Lehre von Yin und Yang, dem berühmten Gegensatzpaar aus der chinesischen Philosophie. Bedeutend ist im Bereich der Balance vor allem, dass es – sowohl in der Lehre von Yin und Yang als auch beim Yoga – nicht vorrangig darum geht, Balance zu halten. Vielmehr steht im Mittelpunkt, Balance überall zu suchen. Schließlich hält das Leben immer wieder Überraschungen und ungeahnte Ereignisse bereit. Die Balance in allen Bereichen dauerhaft zu halten, ist gar nicht möglich. Yoga lehrt jedoch, dass sie immer wieder gefunden werden kann. So wie Sie beim Yoga zwischen verschiedenen Bewegungen und Positionen wechseln und sich jedes Mal neu ausbalancieren müssen, so sollen Sie auch im restlichen Leben lernen, überall wieder ins Gleichgewicht zu kommen.

Yoga eignet sich für jeden Menschen in jedem Alter. Auch mit körperlichen Beschwerden und Einschränkungen können Sie in der Regel einige sanfte Yogaübungen durchführen. Trotz eines starken philosophischen Elementes und einer Verwurzelung im Buddhismus und Hinduismus darf Yoga nicht mit Religionen verwechselt werden. Vielmehr beschäftigt sich Yoga mit der persönlichen Reise des Übenden.

Die einzelnen Übungen im Yoga werden Asanas genannt. Und was die Theorie angeht, reichen diese Informationen schon aus – denn bei Yoga steht die Praxis im Vordergrund. Wer praktizieren möchte, sollte sich frühzeitig an die Praxis wagen. Denn Yoga wird wie auch Kaizen als langfristiger Prozess verstanden. Sie müssen kein Theoriewissen bestehen, bevor Sie loslegen können. Vielmehr geht es darum, anzufangen, zu üben, zu lernen und immer wieder zu versuchen, sich zu verbessern. Yoga-Kurse gibt es heutzutage in fast jeder Stadt. Auch online lassen sich zahlreiche Videos finden, die Yoga-Übungen für Beginner erklären. Damit Sie direkt loslegen können, erhalten Sie an dieser Stelle eine Anleitung für eine der einfachsten und bekanntesten Yoga-Übungen: den Sonnengruß.

Der Sonnengruß ist ein fester Bestandteil zahlreicher Yoga-Trainingseinheiten und gehört zu den Klassikern der Abfolgen. Das liegt nicht zuletzt daran, dass der Sonnengruß auch für Anfänger zu meistern ist. Die Intensität der Übung kann variiert werden und der Körper erhält eine Dehnung in alle Richtungen. Die Muskeln werden dadurch gut aufgewärmt, sodass der Sonnengruß auch einen wunderbaren Einstieg in eine lange Session oder ein kurzes Workout darstellt. Viele Menschen nutzen den Sonnengruß tatsächlich am Morgen, um fit und gestreckt in den Tag zu starten. Außerdem sollen die positiven Effekte bei einer Übung vor dem Essen besonders ausgeprägt sein. Diese Asana-Abfolge eignet sich jedoch auch bestens als kurze Dehneinheit am Mittag oder vor dem Schlafengehen. Achten Sie bei der Ausführung auf eine gleichmäßige und ruhige Atmung. Sie können den Sonnengruß so abwandeln, dass Sie die Bewegungen fließend und ohne lange in Posen zu verweilen durchführen. Alternativ können Sie auch in jeder Position für etwa fünf Atemzüge verweilen. Für den Sonnengruß gibt es mehrere Abwandlungen und Varianten, probieren Sie daher gerne aus, was sich gut anfühlt.

Bergpose, Tadasana oder Samasthiti

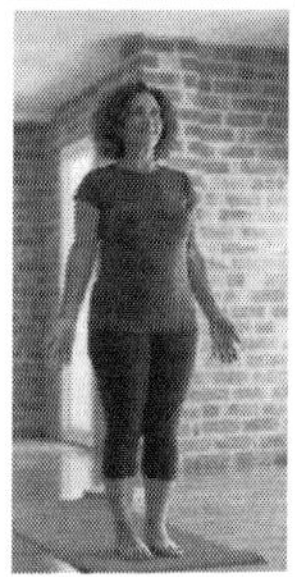

Beginnen Sie dann mit der sogenannten Bergpose, auch Tadasana oder Samasthiti genannt. Dabei stehen Sie aufrecht und stellen die Füße hüftweit auseinander. Verwurzeln Sie die Füße fest im Boden. Die Wirbelsäule ist gerade, der Scheitel zieht sanft nach unten und auch die Arme werden sanft nach unten gestreckt. Öffnen Sie die Hände nach vorne. Die Schultern fallen locker nach hinten und Brust sowie Körpermitte sind geöffnet und aktiviert.

Heraufschauender Baum, Urdhva Vrishasana

Die zweite Pose ist der heraufschauende Baum, auch Urdhva Vrikshasana genannt. Dabei heben Sie während der Einatmung die gestreckten Arme über die Seite nach oben. Die Handflächen werden nach oben über dem Kopf zusammengeführt. Richten Sie den Blick nach oben auf den Daumen. Stabilisieren Sie den Bauch und den Rücken, damit Sie nicht ins Hohlkreuz geraten. Ziehen Sie die Schultern sanft nach unten und versuchen Sie, die Arme noch weiter zu strecken und die Ellenbogen zusammenzubringen.

Die volle Vorbeuge, Uttanasana A

Als Nächstes beugen Sie den Körper nach unten in die volle Vorbeuge, Uttanasana A. Während der Ausatmung kippen Sie vom Becken aus den Oberkörper so weit wie möglich nach vorne. Sie können die Beine dabei leicht beugen. Wenn Sie irgendwann mehr Übung haben, lernen Sie, die Beine zu strecken. Das beugen entlastet jedoch gerade bei Anfängern den Rücken. So oder so: Achten Sie darauf, die Knie nicht zu überstrecken. Dehnen Sie sich möglichst weit nach vorne, sodass Sie mit den Händen den Boden erreichen. Der Blick sollte auf die Beine gerichtet werden und der Brustkorb sollte nicht zusammenfallen.

Vorbeuge mit gestrecktem Rücken, Uttanasana B

Aus dieser Position gehen Sie in Uttanasana B, die Vorbeuge mit gestrecktem Rücken. Bei der Einatmung heben Sie den Blick und strecken den Rücken lang. Versuchen Sie, die Hände dabei auf dem Boden zu lassen. Die Beine dürfen gebeugt bleiben. Schaffen Sie es nicht, auf die Art die Hände auf dem Boden zu lassen, können Sie einen Yogablock oder eine andere Stütze als Hilfe nehmen. Achten Sie darauf, dass Sie die Halswirbelsäule nicht überstrecken.

Viergliedriger Stab, Chaturanga Dandasana

Nach der Vorbeuge gehen Sie mit der Ausatmung in den viergliedrigen Stab. Bringen Sie dafür ein Bein nach dem anderen nach hinten und begeben Sie sich in eine Art Ausgangsposition für Liegestützen, dies wird auch oberer Stütz genannt. Von dort aus gehen Sie in den unteren Stütz, also senken Sie die Arme, als würden Sie eine Liegestütze vorhaben. Die Hände liegen neben der Brust fest am Boden, der Blick ist ebenfalls Richtung Boden gesenkt. Idealerweise benötigen Sie für diese Bewegung nur eine Ausatmung. Sollte dies nicht ausreichen, können Sie einen Atemzug anfügen, sodass Sie für die Bewegung ausatmen, einatmen und wieder ausatmen. Versuchen Sie langfristig, Ihre Atmung so auszudehnen, dass einmal ausatmen genügt. Wichtig: Versuchen Sie nicht, die Bewegung schnell durchzuführen. Konzentrieren Sie sich lieber darauf, langsamere Atemzüge zu nehmen.

Die Kobra, Bhujangasana

Beim nächsten Einatmen heben Sie den Oberkörper aus der Kraft des Rückens, ohne sich dabei vom Boden wegzudrücken. Lassen Sie die Hände direkt unter den Schultern. Das Schambein sollte Richtung Boden gedrückt werden und die Bauchmuskeln sollten aktiviert werden. So wird der untere Rücken entlastet. Öffnen Sie den Brustkorb und ziehen Sie die Schulterblätter zusammen.

Herabschauender Hund, Adho Mukha Svanasana

Mit der nächsten Ausatmung gehen Sie in den herabschauenden Hund. Stellen Sie dafür die Fußspitzen auf und schieben Sie das Gesäß nach hinten und oben. Strecken Sie den Rücken lang. Die Hände drücken nach vorne, die Fersen ziehen zum Boden. Versuchen Sie, die Beine zu strecken, gelingt Ihnen dies nicht, können Sie die Beine beugen. Beugen Sie lieber die Beine, als den Rücken zu runden. Der Rücken soll auf jeden Fall gestreckt bleiben. Ziehen Sie die Schulterblätter zusammen und schauen Sie Richtung Bauchnabel. Versuchen Sie noch einmal, den Rücken möglichst langzumachen. Auch wenn Sie bisher in jeder Position nur für eine Einatmung oder Ausatmung geblieben sind, empfiehlt es sich, in dieser Position für fünf tiefe Atemzüge zu verweilen.

Vorbeuge mit geradem Rücken

Gehen Sie abermals in die Vorbeuge mit geradem Rücken. Setzen Sie dafür mit der Einatmung einen Fuß nach dem anderen zwischen die Hände. Strecken Sie den Rücken, richten Sie den Blick geradeaus. Reicht eine Einatmung nicht aus, dürfen Sie gerne einen vollständigen Atemzug hinzufügen. Üben Sie sich auch für diesen Teil darin, die Atmung zu verlängern.

Vollständige Vorbeuge

Von der Vorbeuge mit geradem Rücken aus gehen Sie mit der Ausatmung zurück in die vollständige Vorbeuge. Denken Sie abermals daran, den Oberkörper nicht in sich zusammenfallen zu lassen, und lassen Sie die Brust geöffnet. Die Beine dürfen leicht gebeugt bleiben.

Heraufschauender Baum

Wiederholen Sie mit der nächsten Einatmung den heraufschauenden Baum. Beugen Sie leicht die Beine und richten Sie den Oberkörper langsam auf, bis Sie im geraden Stand sind. Heben Sie zeitgleich die gestreckten Arme an und bringen Sie sie seitlich nach oben. Die Handflächen sollen geöffnet sein und werden über dem Kopf zusammengebracht. Aktivieren Sie die Körpermitte, um den unteren Rücken zu entlasten.

Bergpose

Beenden Sie den Sonnengruß, indem Sie zurück in die Bergpose gehen. Mit der nächsten Ausatmung bringen Sie die Hände mit zusammengelegten Handflächen langsam vor die Brust. Der Blick folgt langsam der Bewegung der Hände. Haben Sie den Blick nach vorne gerichtet, begeben Sie sich vollständig in die zu Anfang beschriebene Bergpose zurück. Nehmen Sie gerne noch einen letzten tiefen Atemzug, bevor Sie sich lösen. Nachdem Sie den Sonnengruß für eine Runde absolviert haben, können Sie Ihre Übung beenden, eine weitere Asana-Abfolge oder ein anderes Workout anfügen oder schlichtweg den Sonnengruß wiederholen. Einige Menschen wiederholen die Abfolge mehrere Male, um besonders gute Resultate zu erhalten. Verweilen Sie gerne für ein paar Atemzüge in der Bergpose, bevor Ihre Übungen weitergehen.

Savasana: Die Endentspannung

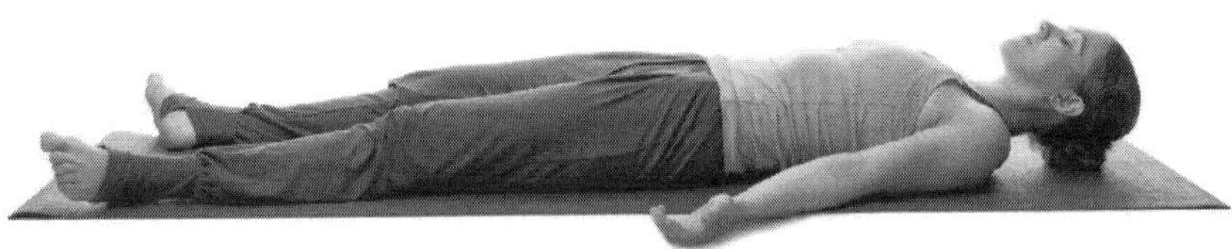

Am Ende einer jeden Yoga-Einheit folgt die Endentspannung, auch Savasana genannt. Dabei legen Sie sich auf den Rücken, schließen die Augen und entspannen den Körper vollständig. Nehmen Sie ein paar tiefe Atemzüge, um ganz zur Ruhe zu kommen. Sie brauchen sich bei dieser Übung nicht strecken und nirgendwo Kraft aufwenden. Es geht schlichtweg darum, den Körper zu entspannen. Nach wenigen Minuten wecken Sie Ihren Körper sanft auf und beginnen den Rest Ihres Tages. Nehmen Sie sich für die Entspannung gerne fünf bis zehn Minuten Zeit.

Der Atem

Die Atmung gehört zu den wichtigsten Elementen unseres Körpers. Der durchschnittliche Erwachsene atmet etwa 15-mal pro Minute. Die Hauptfunktion der Atmung liegt in der Versorgung der Zellen. Mit jeder Einatmung nimmt ein Erwachsener etwa einen halben Liter Luft auf. Das Zwerchfell leistet 60 bis 80 Prozent der Muskelkraft, die für die Atmung notwendig ist. Auch die Bauch- und Brustmuskeln sind jedoch an der Atmung beteiligt. Das wichtigste Organ für die Atmung ist die Lunge.

Die Auswirkungen einer ruhigen oder hektischen Atmung sind größer, als viele Menschen denken. Dabei lässt sich dies ganz leicht veranschaulichen. Sie kennen sicherlich auch Momente, in denen Sie gestresst sind und merken, dass Ihre Atmung schneller wird? Die Atmung beeinflusst zahlreiche körperliche Mechanismen. Gleichzeitig zeigen sich körperlicher und psychischer Stress auch in der Art der Atmung. Die Beeinflussung geschieht also gegenseitig. Nicht umsonst sagen wir unruhigen oder nervösen Menschen, dass sie „tief durchatmen“ sollen. Gelingt es in einer stressigen Situation, die Atmung zu beruhigen, reduziert sich auch das Stresslevel merklich.

Mit Atemtechniken können Sie lernen, eine ausgeglichene Grundatmung zu erhalten. Viele Menschen verlernen diese Atmung im Laufe ihrer Lebenszeit. Das kann an Dauerstress liegen, daran, dass wir in der Öffentlichkeit lernen, den Bauch anzuspannen, oder auch an unbequemen Klamotten. Eine unausgeglichene Atmung kann sich jedoch nachteilig auf die körperliche Gesundheit auswirken. Das regelmäßige Einsetzen von Atemtechniken kann jedoch dazu beitragen, eine gesunde Atmung wieder zu erlernen. Sie stärkt die Konzentrationsfähigkeit und schärft den Geist. Der Körper wird besser mit Sauerstoff versorgt, was das Immunsystem stabilisieren kann und Stress merklich reduziert. Ein tiefer Atem kann außerdem die Ausschüttung von Endorphinen unterstützen.

Atemübung

Nehmen Sie sich einen Augenblick Zeit, um eine kleine Atemübung durchzuführen. Mit dieser Übung sollen Sie zunächst herausfinden, wie tief und gleichmäßig Ihre Atmung derzeit ist. Setzen Sie sich aufrecht hin und schließen Sie die Augen. Konzentrieren Sie sich vollkommen auf Ihre Atmung. Wie fühlt sie sich an? Wie lange geht ein Atemzug? Überprüfen Sie dies, indem Sie jeweils beim Einatmen und Ausatmen langsam mitzählen. Wie viele Sekunden vergehen beim Einatmen, wie viele beim Ausatmen? Haben Sie das Gefühl, tief in den Bauchraum einzuatmen?

Als gesündeste Atmung gilt die tiefe Bauchatmung. Dabei spüren Sie das Atmen bis tief in den Bauchraum, anstatt nur oberflächlich im Brustbereich. Diese tiefe Atmung versorgt den Körper am besten mit Sauerstoff und sorgt gleichzeitig für einen Ruhezustand. Da wir ständig lernen, den Bauch einzuziehen, anzuspannen und in enge Klamotten zu quetschen, fällt vielen Menschen die Bauchatmung leider schwer. Um Kontrolle über Ihre Atmung zu erlangen und einen gesunden Rhythmus zu erlernen, können Sie regelmäßig die folgenden zwei Übungen ausprobieren.

4-4-Atemtechnik

Probieren Sie es mit einer einfachen 4-4-Atemtechnik. Dabei fokussieren Sie sich ganz auf das Ein- und Ausatmen. Diese Technik ist wie eine kleine Meditation. Sie sorgt neben einer ausgeglichenen Atmung auch für Klarheit im Gedankenchaos. Sie benötigen für die Übung nur wenige Minuten. Nehmen Sie einen tiefen Atemzug und zählen Sie dabei bis vier. Zählen Sie ruhig und langsam – weder hektisch noch unnatürlich langsam. Atmen Sie aus und zählen Sie auch dabei bis vier. Wiederholen Sie diese Atemzüge mehrfach hintereinander. Sie werden feststellen, dass sich Ihr Atem schon nach wenigen Atemzügen merklich beruhigt. Die körperlichen und psychischen Auswirkungen einer ruhigen Atmung sind oft schon direkt nach der Übung spürbar.

Box Breathing

Eine andere Taktik, um Stress zu reduzieren und die Atmung zu kontrollieren, ist das sogenannte Box Breathing. Dabei atmen Sie etwa vier Sekunden lang ein, halten die Luft an, atmen für vier Sekunden lang aus und halten abermals inne. Das Innehalten sollte jeweils ebenfalls vier Sekunden lang anhalten. Zählen Sie auch bei dieser Übung ruhig und langsam. Das Box Breathing eignet sich nicht nur für das langfristige Verbessern der Atmung, sondern auch sehr gut für kurzfristiges Beruhigen.

Thai-Chi

Thai-Chi, auch als tai Chi, Taijiquan oder Schattenboxen bekannt, ist eine chinesische Kampfkunst. Sie wurde im Kaiserreich China entwickelt und zählt zur Familie der sogenannten inneren Kampfkünste für den Nahkampf (bewaffnet oder unbewaffnet). Seit die Technik im modernen Zeitalter und auch in westlichen Gegenden immer beliebter wurde, wird sie immer häufiger als Gymnastik oder Bewegungslehre zur Gesundheit betrachtet und immer weniger als reine Kampfkunst. Tatsächlich baut die Technik auf der chinesischen Philosophie des Qi auf. Qi bezeichnet die Energie, die durch den menschlichen Körper fließt. Fließt diese Energie gleichmäßig, fühlt sich der Organismus besser. Körper und Geist sind dann gesünder und stabiler. Blockaden können den Fluss des Qi verhindern oder verlangsamen. Thai-Chi soll Blockaden lösen und einen gleichmäßigen Fluss der Energie ermöglichen. Die Kunst soll außerdem im Sinne der Lehre von Yin und Yang für Balance und Gleichmäßigkeit sorgen. Heutzutage wird Thai-Chi von mehreren Millionen Menschen auf der ganzen Welt praktiziert. Der eigentliche Kampfkunstaspekt trat dabei immer mehr in den Hintergrund. Das liegt wahrscheinlich auch daran, dass Thai-Chi auf den ersten Blick sehr sanft für eine Kampfkunst erscheint. Tatsächlich ist gerade diese Weichheit ein bedeutender Aspekt von Thai-Chi. Der Praktizierende soll sich entspannen, lockern und fließend bewegen. Die Bewegungen sollen sich natürlich und nicht gezwungen anfühlen. Die Übungen dieser Praktik beinhalten entsprechend auch keine Kraft- oder Schnelligkeitselemente. Auch sogenannte Aushärtungselemente sind nicht vorhanden. Es ist sogar genau das Gegenteil der Fall: Die Übungen werden möglichst langsam, ruhig und unter minimalem Krafteinsatz ausgeführt. Nur wenige Formen – darunter vor allem die ursprünglichen Waffenformen – werden schneller ausgeführt. Der Kraftaufwand hält sich auch hier in Grenzen. Generell ist es wichtiger, die Übungen korrekt durchzuführen, als schnell. Wer mit Thai-Chi gerade erst anfängt, sollte sich daher daran erinnern, dass er ruhig sehr langsam sein darf. Nur in seltenen Fällen verlangen einzelne Bewegungselemente eine explosionsartige Geschwindigkeit.

Der Körper sollte beim Thai-Chi auch im Kampf natürlich und spontan reagieren. Damit dies gelang, war der enge Kontakt zum Gegner wichtig. Körperlich orientiert sich der Thai-Chi-Übende daher stark an der Nähe des Gegners. So muss kein großer Widerstand eingesetzt werden, um einen Angriff abzuwenden. Stattdessen soll die Kraft des Gegners ausgenutzt und umgeleitet werden. Im besten Fall kann ein Angriff auf die Art nicht nur abgewehrt, sondern gegen den Gegner selber gerichtet werden. Thai-Chi lehrt, Kraft gezielt einzusetzen. Beim Üben einzelner Elemente soll der Körper möglichst ruhig und entspannt bleiben. Die Muskeln sollen nicht schlaff, wie etwa im Tiefschlaf, sein. Dennoch sollen nur die Muskeln angespannt werden, die wirklich für die Ausführung einer Technik benötigt werden. Alle anderen Muskeln sollen möglichst im Ruhezustand sein. Bewegungen sollen so bestmöglich koordiniert werden. Gleichzeitig regt Thai-Chi die Atmung an. Diese soll tief, locker und natürlich fließen. Bauchatmung wird gezielt angestrebt und trainiert. Gerade Anfänger müssen häufig erst über einen längeren Zeitraum hinweg lernen, die Atmung frei laufen zu lassen. Das wurde bereits im Abschnitt zur Atmung erklärt. Wer länger Thai-Chi praktiziert, wird jedoch schnell erlernen, wie sich die Atmung an den Bewegungsrhythmus anpasst. Je länger praktiziert wird, desto natürlicher und entspannter geschieht diese Anpassung.

Wenn Sie mit Thai-Chi beginnen möchten, finden Sie sicherlich auch einen Kurs in Ihrer Nähe. Aufgrund der gewachsenen Beliebtheit wird Thai-Chi heute in vielen Orten angeboten. Auch viele Online-Videos können einzelne Übungen vermitteln. Damit Sie einen guten Start hinlegen, erhalten Sie hier einen Einblick in die zehn Grundprinzipien des Thai-Chi. Diese Grundprinzipien gehören zu dem bekannteren Stil nach Yang Chengfu. In anderen Stilen gibt es andere Prinzipien, die über diese zehn hinausgehen. Für den Anfang reicht jedoch die Verinnerlichung dieser zehn Grundgedanken:

1. Der Kopf wird entspannt aufgerichtet.
2. Die Brust wird zurückgehalten, der Rücken wird gerade gedehnt.
3. Kreuz und Taille bleiben locker.
4. Leere und Fülle werden auseinandergehalten. Das Gewicht wird richtig verteilt.
5. Schultern und Ellenbogen bleiben hängen.
6. Das „Yi“, also die Absicht oder Intention, steht im Vordergrund, nicht das „li“, die Gewalt- oder Muskelkraft.
7. Die Koordination von Oben und Unten steht im Fokus.
8. Harmonie zwischen Innen und Außen wird angestrebt.
9. Der Fluss bleibt ununterbrochen. Bewegungen bleiben fließend.
10. In der Bewegung wird ruhig geblieben.

Verinnerlichen Sie diese Grundelemente und Sie erhalten einen tiefen Einblick in die Lehre des Thai-Chi. Wer regelmäßig Atmung und Bewegung kontrolliert und auf einen gleichmäßigen Fluss achtet, wird körperliche und psychische Effekte spüren.

Übung für Anfänger

1. Nehmen Sie die richtige Körperhaltung ein: aufgerichteter Kopf und gerader Rücken. Die Taille muss immer locker bleiben, damit sich das Gewicht ausgeglichen verteilen kann. Schulter und Ellenbogen lässt man locker nach unten hängen.

Grundstellung: Stellen Sie sich mit geraden Beinen hin, die Füße stehen parallel nebeneinander, die Schultern sind leicht nach unten gedrückt und Ihre Arme hängen locker herunter.

2. Nun folgt eine kurze Meditation, die den Geist zur Ruhe bringen soll.

3. Sobald Sie sich bereit fühlen, beugen Sie Ihr Knie ganz leicht hervor und führen Sie Ihren Arm in einem leichten Kreis vor dem Bauch nach unten. Es sollte so aussehen, als ob Sie einen Ball zwischen den Händen halten. Ihre Arme bleiben rund.

4. Während Sie einatmen, werden die Arme bis zur Brusthöhe geführt. Die Handgelenke hängen locker, als ob Sie die Übung unter Wasser durchführen und gegen Wasserwiderstand kämpfen müssen.

5. Strecken Sie Ihre Beine. Sobald die Arme Schulterhöhe erreicht haben, atmen Sie aus und führen Sie Ihre Arme wieder nach unten. Gehen Sie nun wieder in die Ausgangsposition.

Wichtig: Die Bewegungen sollten sehr langsam und fließend ausgeführt werden. Diese Anfängerübung gibt Ihnen Standfestigkeit, Entspannung und erdet Sie.

Der 5S-Werkzeugkasten von Kaizen

Für ein erfolgreiches Leben

Die 5S wurden bereits zuvor erwähnt. Sie bilden sozusagen den Werkzeugkasten von Kaizen. An dieser Stelle lernen Sie die 5S noch einmal genauer kennen. Sie stammen ursprünglich auch aus der Business-Welt und werden dort zur Optimierung des Arbeitsplatzes und Arbeitsprozesses eingesetzt. Diese fünf Elemente werden Ihnen immer wieder begegnen. Sie können Sie nutzen, um Ihren Weg mit Kaizen zu optimieren und Verbesserungen anzustreben.

SEIRI – SORTIEREN

Als Erstes sollten Sie für das Sortieren – Seiri – sorgen. Im Arbeitsbereich gilt: Konzentrieren Sie sich auf alle wichtigen Arbeitsmittel. Was benötigen Sie im Alltag wirklich? Schauen Sie sich auf Ihrem Schreibtisch um: Sicherlich finden Sie zahlreiche Dinge herumliegen, die für Ihren Job gar nicht notwendig sind? Entfernen Sie alles, was nur unnötig Platz wegnimmt. Das Bild von Ihrer Familie, die Pflanze oder der kleine Talisman dürfen selbstverständlich bleiben. Es geht hierbei vielmehr darum, alles aus dem Weg zu räumen, was Ihnen weder beim Umsetzen der Arbeit hilft noch Motivation schenkt.

Alles, was für Ablenkung sorgen könnte oder sinnlos im Weg ist, sollte entfernt werden. Das gilt im Grunde auch für Ihr Handy. Verbannen Sie Ihr Mobiltelefon doch in eine Schublade oder Ihre Tasche, während Sie arbeiten. Entfernen Sie dreckige Kaffeebecher sofort. Lassen Sie keinen Müll herumliegen. Freizeitmagazine, Broschüren und alle Materialien, die dort nur liegen, weil sie *möglicherweise irgendwann* nützlich werden könnten, gehören verbannt. Konzentrieren Sie sich nur auf die Dinge, die tatsächlich regelmäßig für Mehrwert sorgen. Auch Materialien oder Werkzeuge, die Sie einmal alle paar Monate nutzen, gehören nicht an den Arbeitsplatz. Verstauen Sie diese Dinge lieber in einer Schublade oder einer Kiste, die Sie entsprechend beschriften.

Dieses Prinzip des Aussortierens können Sie auf zahlreiche Lebensbereiche übertragen. Wie viele Kleidungsstücke und Accessoires haben Sie beispielsweise im Kleiderschrank, die Sie niemals nutzen? Wie viele Küchenutensilien verstauben bei Ihnen nur? Wie viele Gegenstände haben Sie in alten Kisten oder auf dem Dachboden liegen, die Sie wahrscheinlich längst vergessen haben?

Nehmen Sie sich endlich Zeit und sortieren Sie Dinge aus, die Sie nicht mehr benötigen. Alles, was Sie überhaupt nicht gebrauchen können, wird vollständig weggegeben (beispielsweise für Umsonstläden, Flohmärkte, Wohltätigkeitsorganisationen oder auf den Müll). Alles, was Sie nur selten gebrauchen, wird zumindest aus dem Weg geräumt. Es spricht nichts gegen eine Kiste mit Dingen, die Sie wenige Male im Jahr benötigen, aber dann wertschätzen. Nur muss der Raclettegrill, der nur Silvester zum Einsatz kommt, nicht mitten auf der Küchenzeile liegen und Platz wegnehmen. Die Freizeitmagazine machen sich besser auf einem gemeinsamen Stapel im Wohnzimmer, anstatt auf jedem Tisch im Haus verteilt zu liegen. Alte Magazine, die nicht mehr gelesen werden, sollten ganz verbannt werden.

Aussortieren sorgt für ein befreiendes Gefühl. Sie werfen eine Reihe Ballast ab und lernen, sich auf das zu konzentrieren, was wirklich wichtig ist. Außerdem führt das in allen Bereichen, in denen Sie aktiv werden wollen, dazu, dass Ablenkungen minimiert werden. Sie werden sehen: Der Effekt ist erstaunlich.

SEITON – SYSTEMATISIEREN

Seiton bezeichnet das Schaffen von Ordnung. Es geht also darum, zu organisieren und zu systematisieren. Auf den Arbeitsplatz bezogen bedeutet dies: Schaffen Sie ein sinnvolles System. Beschriften Sie beispielsweise Ihre Ordner und sortieren Sie sie entsprechend Ihrer Beschriftungen ein. Geräte, Dateien, Materialien, Ressourcen aller Art sollen möglichst einfach zu lokalisieren sein. So gelingt eine schnelle und einfache Verwendung, wann immer sie gebraucht werden. Zu diesen Schritten kann auch zählen, Gebrauchsanleitungen und Sicherheitshinweise griffbereit bei den entsprechenden Geräten zu haben. Speicherorte, Werkzeugkästen, Schubladen und Ähnliches sollten deutlich beschriftet werden. Beschriftungen sollten unverfänglich und eindeutig sein.

Diese Methode lässt sich leicht auf Ihren Alltag übertragen: Erstens werden Sie sicherlich auch zu Hause oder am Arbeitsplatz zahlreiche Daten und Werkzeuge zu organisieren haben. Schaffen Sie ein System an Ihrem Arbeitsplatz, auf Ihrem Laptop, in Ihrem Zuhause, in Ihrem Home-Office – wo immer Sie denken können. Aber auch außerhalb dieser Zonen kann ein System sinnvoll sein. Sicherlich kennen Sie auch dieses eine Werkzeug, das Sie ständig verlegen? Diese eine Schublade, in der alles Mögliche drin liegt, an das Sie sich gar nicht mehr erinnern können? Fast jeder Mensch hat solche Werkzeuge und Schubladen zu Hause. Schaffen Sie auch hier ein System. Führen Sie Listen mit den Dingen, die sich in einem Karton oder einer Schublade befinden sollen. Beschriften Sie die Kartons ordentlich. Oder wie wäre es mit einer Datei, in der Sie auflisten, wo sich wichtige Werkzeuge befinden? Was immer Ihr System ist: Sie dürfen gerne kreativ werden, sofern das System hilfreich ist. Ziel soll sein, wichtige Dinge schnellstmöglich griff- und einsatzbereit zu haben.

SEISO – SAUBERKEIT

Seiso steht für Sauberkeit. Halten Sie Ihren Arbeitsplatz sauber, um ihn sicher und angenehm zu erhalten. Dreck und Chaos können einen Arbeitsplatz so stark verunstalten, dass die Motivation sinkt, sich überhaupt an diesen Arbeitsplatz zu begeben. Vor lauter Dreck finden Sie möglicherweise nicht mehr alles, was Sie suchen, oder Sie fühlen sich am Arbeitsplatz unwohl. Sauberkeit hingegen sorgt für ein Wohlbefinden. Außerdem macht Sauberkeit Probleme schneller bemerkbar, beispielsweise Materiallecks, lose Gegenstände und Teile, herumfliegendes Papier, kaputte Materialien. Nehmen Sie sich also Zeit und geben Sie Ihrem Arbeitsplatz eine Grundreinigung. Langfristig können Sie es sich zur Gewohnheit machen, fünf Minuten Zeit für das Säubern zu investieren, bevor Sie den Arbeitsplatz wieder verlassen. Machen Sie dies jedes Mal am Ende des Arbeitstages, wird der Platz nur noch selten eine lange Grundreinigung benötigen.

Das gleiche Prinzip können Sie auf Ihr Eigenheim, Ihr Auto, Ihren Schrebergarten und viele andere Bereiche, in denen Sie regelmäßig agieren, übertragen. Halten Sie möglichst alle Aufenthaltsräume sauber. Die Motivation, an diesen Orten aktiv zu werden, wird merklich steigern und Ihre Probleme können schneller beseitigt werden.

SEIKETSU – STANDARDISIEREN

Seiketsu bedeutet Standardisieren. Dabei geht es darum, Ordnung und Sauberkeit am Arbeitsplatz durch das Festlegen von Standards zu erhalten. So sollen Gewohnheiten entstehen, die Chaos und Dreck gar nicht erst entstehen lassen. Ein Standard kann eine Methode sein, für die Sie täglich fünf Minuten Zeit investieren – beispielsweise das Aufräumen des Arbeitsplatzes am Ende eines Arbeitstages, das Festlegen von Orten in der Küche für bestimmte Geräte und die Gewohnheit, alles sofort nach Benutzung wieder an seinen ordentlichen Platz zurückzulegen.

Ein Standard kann eine Routine am Morgen sein, in der Sie Sport, eine liebevolle Nachricht an den Partner oder das Einnehmen von Vitaminen einbauen. Egal, auf welchen Lebensbereich Sie sich derzeit fokussieren – standardisierte Methoden sind immer hilfreich. Haben Sie eine Routine etabliert, halten Sie sich automatisch an funktionierende Systeme. So werden Ihnen Veränderungen immer leichter fallen. Für nahezu jeden Lebensbereich können Sie einen Standard definieren und in der Regel reichen wenige Minuten aus, sofern Sie täglich investiert werden.

SHITSUKE – SELBSTDISZIPLIN

Der fünfte und letzte Bereich der 5S lautet Shitsuke – Selbstdisziplin. Dies soll Sie daran erinnern, dass Sie sich an die Angewohnheiten halten sollen. Das Kreieren von Regeln und Routinen ist nur dann langfristig wirksam, wenn Sie diszipliniert genug sind, um sich an Ihre eigenen Regeln zu halten. Bleiben Sie engagiert, suchen Sie sich Motivationsquellen und verfolgen Sie Ihre Schritte ehrgeizig. Nur mit ausreichend Selbstdisziplin gelingt es Ihnen, am Ball zu bleiben.

Ihnen werden immer wieder Niederlagen begegnen. Sie werden wahrscheinlich auch mit zahlreichen Tagen konfrontiert, an denen Sie sich kaum selber zu etwas aufraffen können. Gerade für diese Tage ist Selbstdisziplin wichtig, um dennoch am Ball zu bleiben. Erinnern Sie sich an Ihre Motivation, beispielsweise, indem Sie einen Blick auf Ihr Vision Board werfen oder eine kurze Meditation durchführen. Belohnen Sie sich, wenn Sie sich trotz Stress und Müdigkeit zu Ihrer neuen Routine aufraffen konnten. Seien Sie stolz auf sich und halten Sie Ihre Erfolge fest.

Unter der Lupe: Was uns am Erfolg hindert

Die sogenannten „3 Mu“ stehen für die drei Hauptursachen, die Menschen am Erfolg hindern. Sie stehen für Muda (Verschwendung), Muri (Überlastung) und Mura (Abweichung). In diesem Kapitel lernen Sie die drei Mu kennen und verstehen. Das Wissen über die Dinge, die uns am Erfolg hindern, verhilft Ihnen dabei, sie effektiver zu beseitigen und vorbeugend zu agieren.

MUDA – VERSCHWENDUNG

Muda umfasst sieben grundlegende Prozessverschwendungen. Die Verschwendung wird als höchste Verlustquelle bezeichnet. Sie ist gleichzeitig die offensichtlichste Verlustquelle – jeder kann sich sofort denken, dass Verschwendung für Erfolg hinderlich ist. Die sieben identifizierten Prozessverschwendungen lauten wie folgt:

1. Überproduktion
2. Wartezeit
3. Überflüssiger Transport
4. Ungünstiger Herstellungsprozess
5. Überhöhte Lagerhaltung
6. Unnötige Bewegung
7. Herstellung fehlerhafter Teile

Die Verschwendung bezeichnet vorwiegend nicht werterhöhende Tätigkeiten. Auch wenn sich diese Begriffe zunächst auf den Business-Bereich beziehen, ist schnell klar, dass Ähnliches auch für jedermanns Alltag gilt. Verschwendung sorgt in allen Lebens- und Wirkungsbereichen dafür, dass Ressourcen an Stellen verbraucht werden, an denen sie keinen Effekt haben, und dann an anderer Stelle fehlen, wo sie hätten sinnvoll eingesetzt werden können.

Die hier aufgelisteten Bereiche sollen daher auf einem Weg mit Kaizen auch im Alltag minimiert werden. Sie können sich dafür viele Strategien überlegen. Versuchen Sie zunächst, zu identifizieren, wo Ihnen Verschwendung begegnet. Sicherlich fallen Ihnen sofort unnötige Wartezeiten ein, die Sie sinnvoller nutzen könnten. Auch unnötige Bewegung oder Transport fallen Ihnen sicherlich schnell ein. Wie oft haben wir nicht den Satz, „Wer es nicht im Kopf hat, muss es in den Beinen haben“, gehört –

schließlich vergessen wir im Alltag ständig Dinge, für die wir dann einen extra Weg gehen müssen. Damit sich diese unnötigen Wege minimieren, können Sie beispielsweise anfangen, Listen der Dinge, die zu erledigen oder zu besorgen sind, schreiben. Versuchen Sie das Erkennen der Verschwendungsquellen anhand eines simplen Beispiels: Nehmen Sie sich einen Moment Zeit und denken Sie an den gestrigen Tag.

In welchen Momenten hatten Sie das Gefühl,
Sie verschwenden Ressourcen?
Beispielsweise, weil Sie unnötige Wege gegangen sind, Transportkosten hatten, die nicht notwendig waren, Zeit und Energie in Dinge gesteckt haben, die sich nicht gelohnt haben?

Es muss sich dabei nicht sofort um Momente handeln, die zu den hier definierten sieben Quellen passen. Hauptsache, Sie erkennen erst einmal, wie häufig Sie Ressourcen besser hätten einsetzen können. Gehen Sie anschließend noch weiter in die Woche zurück und denken Sie an Situationen der letzten drei Tage. Schreiben Sie stichpunktartig alles nieder. Nachfolgend können Sie sich überlegen, welche dieser Dinge Ihnen häufig passieren (sind Sie beispielsweise sehr vergesslich und müssen häufiger zusätzliche Wege gehen?). Dort sollten Sie als Erstes mit der Arbeit ansetzen.

MURI – ÜBERLASTUNG

Die zweite große Kategorie lautet Überlastungen (Muri). Im Arbeitsumfeld geht es dabei vor allem um personelle Überbeanspruchungen, die dafür sorgen, dass Arbeitskräfte übermüdet und gestresst sind. Dies schadet dem allgemeinen Betriebsklima und sorgt für eine Fehlerzunahme. Dadurch entstehen weitere Verluste. Unterschieden wird meistens zwischen Überlastungen des Handhabungsprozesses und Überlastungen des Herstellungsprozesses. Verluste im Handhabungsprozess basieren auf der psychischen und physischen Überlastung der Mitarbeiter. Das ist beispielsweise der Fall, wenn zu viele Überstunden verlangt werden, der Arbeitsaufwand zu hoch ist oder den Mitarbeitern anderweitig zu viel abverlangt wird. Überlastungen im Herstellungsprozess entstehen beispielsweise dadurch, dass Arbeitstakte fehlerhaft ermittelt werden, Werkzeugwechsel nicht richtig koordiniert wird oder nicht ausreichend Maschinen und Werkzeuge zur Verfügung stehen. Dadurch entstehen schnell Störungen im Produktionsablauf, die wiederum ebenfalls zu Stress und Verlusten führen. Durch Maßnahmen, die das Betriebsklima stützen und ausreichend Pausen einräumen, durch gut geplante Herstellungsprozesse und ähnliche Methoden können Überlastungen verhindert werden.

Für Ihren Alltag finden Sie sicherlich auch Fälle, die für eine Überlastung sorgen. Möglicherweise spüren Sie dies sogar im eigenen Arbeitsalltag. Auch im Privatleben kommen solche Überlastungen regelmäßig vor.

Wie oft haben Sie schon Stress gespürt, weil Sie zu viele Aufgaben innerhalb eines kurzen Zeitrahmens zu erledigen hatten?
Wie oft haben Sie sich durch Ihre Mitmenschen überfordert gefühlt?
Wie oft hatten Sie das Gefühl, Sie konnten Dinge nicht erledigen, weil die Schlange vor dem Kopierer, die Zeit in der Warteschleife am Telefon oder die Wartezeit auf Familienmitglieder zu lang war?

Nicht alle dieser Dinge können Sie beeinflussen – sehr häufig gelingt es uns jedoch, größeren Einfluss zu nehmen, als wir denken.

Maßnahmen, wie zu lernen, Nein zu sagen oder den Tag gut zu strukturieren, und sogar die Anschaffung neuer Geräte und Werkzeuge können dem Abhilfe schaffen. Nehmen Sie sich auch an dieser Stelle einen Moment Zeit und überlegen Sie, wo und wann Sie sich zuletzt überlastet gefühlt haben.

In welchen Situationen hatten Sie das Gefühl,
zu wenig Zeit für alle Vorhaben zu haben?
Wo und wann sind Sie in eine Stresssituation geraten?

Schreiben Sie alles auf. Überlegen Sie auch hier kurz, wie Sie die Dinge hätten vermeiden können. Wenn Ihnen nicht sofort einfällt, was Sie selber hätten tun können, denken Sie generell an Dinge, die geholfen hätten. Vielleicht hätte es Ihnen geholfen, wenn Ihr Partner Ihnen am Wochenende freiwillig bei der Besorgung einiger Dinge geholfen hätte oder wenn das Meeting am Freitagnachmittag nicht eine Stunde länger gedauert hätte als geplant? Die Hauptsache ist an dieser Stelle, dass Sie die Verlustquellen identifizieren und sich in kleinen Schritten überlegen, wie die Situation besser ausgesehen hätte. Je mehr Zeit Sie investieren, desto eher fällt Ihnen – zumindest ein kleiner – Schritt ein, den Sie das nächste Mal anders gehen können, um Stress zu reduzieren.

MURA – ABWEICHUNG

Mura steht für Abweichung von Standards und Regeln. Oft wird dieser dritte Bereich auch als Unausgeglichenheit bezeichnet. Hierunter werden Verluste gefasst, die durch eine fehlende oder gar nicht vorhandene Harmonisierung von Kapazitäten der Fertigungssteuerung verursacht werden. Dies sind beispielsweise Staus von Aufträgen und das Entstehen von Warteschlangen an einzelnen Betriebsstationen. Sie entstehen etwa dadurch, dass nicht ausreichend Zeit für die einzelnen Schritte eingeplant oder das Timing verschiedener Prozesse nicht aufeinander abgestimmt wurde. Prozesse werden nicht so fertiggestellt, dass sie fließend ineinander übergleiten, sondern so, dass sich alle Teilbereiche an einer Station stauen. Kennen Sie noch Stationsarbeiten aus der Schule? Dabei erledigen Kinder eigenständig Aufgaben verschiedener Stationen nacheinander.

Einen Stau können Sie sich so vorstellen, dass an jeder Station nur drei Werkzeuge zum Erledigen der Aufgabe zur Verfügung stehen. Weil eine Station jedoch deutlich länger dauert als andere, sind plötzlich viel mehr Kinder an dieser Station beschäftigt als an anderen Stationen. Drei Kinder arbeiten die Aufgabe ab, während zwei andere Kinder auf die Station warten, weil sie mit ihrer Station bereits fertig sind. Wird das Ablaufen der Stationen nicht ausreichend koordiniert, bilden sich Störungen. So ähnlich kann ein Stau auch im Großbetrieb entstehen.

Auch dies lässt sich auf Ihren Alltag übertragen. Bestimmt fallen Ihnen auch Gegebenheiten ein, bei denen Sie das Gefühl hatten, das Timing war nicht richtig. Störungen hätten dadurch vermieden werden können, dass die Abläufe im Haushalt oder beim Organisieren einer Veranstaltung besser aufeinander abgestimmt worden wären.

Die drei Mu betreffen grundsätzlich alle Bereiche, die für den Alltag und die Arbeit relevant sind. Dazu gehören:

- Mitarbeiter, beteiligte Personen
- Technik
- Methode und Strategie
- Zeit
- Werkzeuge, Vorrichtungen aller Art
- Bestände und Vorräte
- Material
- Arbeitsplatzorganisation
- Und viele andere

Wichtig ist an dieser Stelle, dass Sie sich vergegenwärtigen, dass es Verbesserungspotenzial nahezu an jeder Stelle gibt. Wenn Sie mit Verbesserungen beginnen, sollten Sie den Fokus zunächst auf die wichtigsten Bereiche lenken. Wo lohnt es sich am meisten, Ballast loszuwerden? Denken Sie daran, dass Kaizen auf langsamen Schritten basiert. Es geht nicht darum, sofort alle Verlustquellen zu beseitigen, sondern langfristig zu lernen, auf die Quellen zu achten und kleine Schritte in eine bessere Richtung zu gehen.

Erfolg durch und durch

Mit KAIZEN das Leben optimieren

Haben Sie das Kaizen-Prinzip richtig verstanden, können Sie es in allen Lebensbereichen anwenden. Mit dieser Philosophie können Sie gezielt typische Problemstellungen einzelner Lebensbereiche optimieren. In diesem Kapitel werden Ihnen die Möglichkeiten, die Kaizen mit sich bringt, noch einmal genauer nahegebracht. Dabei soll der Fokus vor allem auf typischen Alltagssituationen und lebensnahen Beispielen liegen.

BEZIEHUNGEN ALS ELEMENTARER GRUNDPFEILER

Beziehungen stellen elementare Bausteine des menschlichen Lebens dar. Wir kommen bereits mit einer besonderen Beziehung zu den Eltern auf die Welt. Von dem Moment unserer Geburt an begleiten uns die unterschiedlichsten sozialen Beziehungen durch das ganze Leben. Und so wichtig diese Beziehungen für uns sind, so schwierig können sie sich manchmal gestalten.

Denken Sie an Beziehungen zu Familienmitgliedern. Wie oft streiten wir mit unserer Familie, weil wir aneinander vorbeireden, die jeweilige Liebessprache der anderen nicht verstehen oder anderweitig Kommunikationsschwierigkeiten haben? Wie oft wünschen wir uns, mehr Zeit für die Familie zu haben, scheitern aber daran, da wir tausend andere Dinge zu erledigen haben. Gerade, wenn Kinder erwachsen werden, verbringen wir immer weniger Zeit in einem gemeinsamen Kreis. Dabei scheitert es sehr oft gar nicht daran, dass zu wenig Zeit vorhanden ist, sondern einfach daran, dass die Prioritäten anders gesetzt werden.

Das Gleiche gilt für Freunde. Menschen ziehen an andere Orte oder haben aufgrund von Job und Familie zu viele andere Dinge im Kopf. Dabei benötigt es oft gar nicht viel, um eine freundschaftliche Beziehung am Leben zu erhalten.

Übung

Nehmen Sie sich daher an dieser Stelle in Ruhe Zeit und überlegen Sie, welche Beziehungen Sie aufbessern möchten. Denken Sie an Freunde, Familienmitglieder, Bekannte, Mentoren, Nachbarn – alle Menschen, die Ihnen einfallen. Mit wem würden Sie gerne enger in Verbindung treten? Denken Sie auch an Beziehungen, die Sie gerne aufbauen würden. Vielleicht haben Sie einen Kollegen, den Sie gerne näher kennenlernen würden, oder Sie möchten allgemein neue Menschen kennenlernen? Schreiben Sie hier eine Liste:

____

____

____

____

____

____

____

____

____

____

____

____

____

____

____

Denken Sie daran, dass Sie mit kleinen Schritten viel bewirken können, und überlegen Sie sich an dieser Stelle, welche Kleinigkeiten Sie verändern könnten. Wählen Sie für den Beginn eine Person aus. Das kann ein guter Freund sein, der Kollege, den Sie gerne besser kennenlernen würden, oder ein Fremder, wenn Sie generell neue Kontakte knüpfen möchten. Was könnten Sie unternehmen, um eine Beziehung aufzubauen?

Beginnen Sie mit den kleinsten Schritten, die Ihnen einfallen: Vielleicht ein Brief, eine Postkarte aus dem Urlaub, ein Anruf am Freitagabend, ein Lächeln, wenn Sie draußen dem Nachbarn begegnen?

Bestimmt fallen Ihnen Kleinigkeiten ein, die Sie freuen würden oder die Menschen in Ihren Augen sympathisch machen. Womöglich hat Ihnen jemand schon einmal unverhofft ein nettes Kompliment gemacht, bringt Ihnen immer einen Kaffee mit ins Büro oder hat einfach eine besonders freundliche Art, zu grüßen? Gehen Sie diesen ersten kleinen Schritt. Grüßen Sie Ihren Nachbarn mit Namen, schreiben Sie eine Karte aus dem Urlaub oder bringen Sie Ihren Freunden einfach einmal einen Kaffee aus dem Nichts mit. Sie werden sehen, solche kleinen Aufmerksamkeiten bilden und stärken Beziehungen ungemein. Schreiben Sie eine Liste mit Ideen auf, die Sie einfach in Ihren Alltag einbauen können:

___

___

___

___

___

___

___

___

___

___

___

___

___

___

___

___

___

___

BERUF(UNG) & JOB

Der Job nimmt heutzutage einen Großteil unseres Alltags ein. Viele Menschen arbeiten fünf Tage die Woche mit jeweils acht Stunden – Überstunden und Wochenendseminare noch nicht eingeplant. Da der Job so einen großen Raum einnimmt, sollte gerade hier das Potenzial für Veränderungen mit Kaizen erkannt werden.

Für viele Menschen ist es schwer, einen Job zu finden, der einer Berufung gleicht. Natürlich hört sich dies wie das ideale Ziel an – doch nicht immer ist beides miteinander vereinbar. Haben Sie jedoch das Gefühl, eine Berufung bereits gefunden zu haben, sollten Sie sich Zeit nehmen, daran zu arbeiten.

Können Sie Ihre Berufung als Job umsetzen?
Oder gleicht sie eher einem freiwilligen Projekt?
Könnten Sie vielleicht mit einem freiwilligen Projekt starten und über einen längeren Zeitraum daraus einen Job aufbauen?

Denken Sie intensiv nach und überlegen Sie auch hier, welche kleinen Schritte Ihnen helfen könnten, Ihren Traum umzusetzen. So weit weg Ihr Ziel Ihnen noch erscheinen mag, jedes Projekt beginnt mit einem kleinen Schritt. Und wer geduldig an einem Ziel arbeitet, wird oftmals Erfolg haben.

Falls Sie generell zufrieden mit Ihrer Job-Situation sind, aber gerne an bestimmten Bereichen Veränderungen vornehmen möchten, ist dies mit Kaizen ebenfalls bestens umsetzbar.

Arbeiten Sie zu lange oder stresst Sie die Arbeit zu viel?
Haben Sie lange Anfahrtswege oder ungeliebte Kollegen?

Auch hier können Sie mit Kleinigkeiten beginnen.

Was könnte Ihre Arbeit erleichtern?
Wie können Sie das Klima trotz unangenehmer Kollegen angenehmer gestalten? Oder lohnt sich ein Wechsel?

Dann investieren Sie Zeit in die Jobsuche. Zehn Minuten Stellenangebote lesen, eine Aussprache mit einem Kollegen, einen neuen Podcast für den langen Fahrtweg finden – sehr oft helfen kleine Schritte, eine Situation ein wenig aufzubessern und langfristig zu optimieren.

LIEBE & BEZIEHUNG

Liebende und romantische Beziehungen sind ebenfalls Teil der zwischenmenschlichen Beziehungen, von denen bereits gesprochen wurde. Da sich diese Beziehungen jedoch auf eine ganz besondere Art gestalten, erhalten Sie hier noch einen extra Abschnitt.

Romantische Beziehungen basieren auf der Vorstellung, das Leben miteinander zu teilen. Haben Sie einen Partner oder eine Partnerin, treten schnell Probleme auf: Jeder hat eigene Vorstellungen vom Leben, ein eigenes Tempo, eigene Gewohnheiten. Kompromisse sind notwendig, um miteinander alt werden zu können. Und Kommunikation ist wie immer das A und O. Wenn Sie Ihre romantische Beziehung verbessern möchten, investieren Sie täglich fünf Minuten.

Welche Probleme haben Sie derzeit?
Was könnte besser laufen?

Übung:

Schreiben Sie eine Liste der Dinge auf, die Sie verbessern könnten, beispielsweise mehr Zweisamkeit einbauen, mehr gemeinsam essen, mehr körperliche Zärtlichkeit – was immer Sie sich wünschen. Kommunizieren Sie diese Wünsche mit Ihrem Partner und überlegen Sie sich Kleinigkeiten, die Sie an einer Stelle verändern können. Denken Sie wirklich kleinschrittig und langfristig.

____

Gleichzeitig können Sie an dieser Stelle noch einmal intensiv in sich hineinhören und überlegen, welche Dinge Sie allein verändern könnten. Möglicherweise könnten Sie lernen, Ihre Wünsche besser zu kommunizieren. Oder aber Sie wissen, dass Sie sich wenig Zeit für Zweisamkeit nehmen? Dann investieren Sie täglich fünf Minuten mehr, in denen Sie sich nur auf Ihren Partner konzentrieren, etwa die letzten Minuten vor dem Einschlafen. Kommunizieren Sie, tauschen Sie sich aus, stellen Sie Fragen – anstatt einfach noch eine Weile Videos auf dem Handy anzuschauen. Merken Sie sich die kleinen Dinge über die andere Person – etwa, wie sie ihren Kaffee trinkt oder was die Lieblingsblumen sind.

PERSÖNLICHE ENTWICKLUNG

Kaizen ist gerade auch im Bereich der persönlichen Entwicklung ein großes Thema. Die persönliche Entwicklung ist ein langjähriger Prozess, den wir unser ganzes Leben lang vollziehen. Umso mehr Gelegenheiten erhalten wir in diesem Bereich für stetige Veränderungen und Verbesserungen.

Persönliche Entwicklung kann auf zahlreichen Ebenen geschehen. Vielleicht möchten Sie gerne ein neues Hobby lernen oder einen umweltfreundlicheren Lebensstil führen? Schreiben Sie alles auf, was Sie gerne an sich und Ihrem Leben verbessern würden. Fertigen Sie eine Liste an und wählen Sie eine Sache, mit der Sie beginnen möchten:

1....

2....

3.....

4....

5....

6....

7....

8....

9....

10....

Haben Sie sich für eine Sache entschieden? Dann schreiben Sie eine zweite Liste mit allen kleinen Schritten, die Ihnen einfallen, um die Entwicklung durchzuziehen, beispielsweise ein umweltfreundlicherer Lebensstil:

- weniger Plastikmüll
- mehr Bio-Gemüse
- weniger Fleisch
- mehr Reisen mit dem Zug statt mit dem Auto
- mehr Mehrwegflaschen
- den Stoffbeutel zum Einkaufen nehmen
- usw.

Sie werden feststellen, dass sich in den meisten Bereichen sehr viele kleine Veränderungen vornehmen lassen. Wählen Sie auch aus dieser Liste wieder eine Sache aus und beginnen Sie damit. Beispiel: weniger Plastikmüll erzeugen. Versuchen Sie zu Beginn, jeden Tag nur einen kleinen Beitrag in diese Richtung zu leisten. Verzichten Sie auf ein Produkt in Plastikverpackung und ersetzen Sie es durch eine nachhaltigere Variante. Das kann der To-go-Kaffeebecher sein oder der Schokoriegel aus dem Automaten oder auch die Plastiktüte im Supermarkt.

FINANZEN

Kaizen kann Ihnen auch beim Thema Finanzen behilflich sein. Finanzielle Schwierigkeiten und Sorgen gehören leider immer wieder – zumindest phasenweise – zum Leben der meisten Menschen dazu. Finanzen sind ein großes Thema des modernen Alltags. Entsprechend lassen sich hier auch immer wieder Stellen finden, an denen Verbesserungen stattfinden können. Sparen Sie vielleicht auf ein bestimmtes Produkt, einen Urlaub oder die Universitätskasse für die Kinder? Beginnen Sie auch hier mit kleinen Sparplänen. Sie müssen keine immensen Summen in Aktien investieren, um mehr Geld bereitzustellen. Es reichen schon kleine Veränderungen. Machen Sie sich eine Übersicht über Ihre Ausgaben und schauen Sie, wo Sie am ehesten reduzieren können. Vielen Menschen hilft auch ein Budget Sheet über mehrere Monate. Darin schreiben Sie alle Ihre Ausgaben und Einnahmen auf und sehen so regelmäßig, wo Sie Einsparungen vornehmen können.

Gewöhnen Sie sich beispielsweise an, mindestens zweimal pro Woche Ihren Kaffee zu Hause zuzubereiten und in einem Thermobecher zur Arbeit zu bringen, anstatt ihn jedes Mal im Café um die Ecke zu kaufen. Schon diese kleinen Veränderungen machen langfristig einen großen Unterschied. Egal, wie klein der erste Schritt sein mag, er hilft dabei, sich nach und nach an größere Schritte zu gewöhnen. Fangen Sie einfach an!

Mit KAIZEN durchs Leben

Kaizen lehrt Sie, jeden Tag gezielt Verbesserungen vorzunehmen und einen ruhigen Alltag zu erhalten. Langsames Verbessern und stetes Verändern stehen im Mittelpunkt und sollen für mehr Ausgeglichenheit und Zufriedenheit sorgen. Lernen Sie hier die Kernelemente der Umsetzung der Philosophie kennen.

Motivation

Motivation ist eines der wichtigsten Elemente des Kaizen-Weges. Es fällt nicht immer leicht, motiviert zu bleiben, doch in der Regel lassen sich immer Wege finden, neue Motivation hervorzurufen. Motivation erhalten Sie beispielsweise über Ihr Vision Board, über kleine Belohnungen oder dadurch, dass Sie sich Ihre Erfolge vergegenwärtigen. Indem Sie sanfte Schritte gehen, wird Ihnen auch das Generieren von Motivation leichter fallen. Viele der Techniken haben Sie im Laufe dieses Buches bereits kennengelernt.

Was die Seele tanzen lässt

Lenken Sie Ihre Aufmerksamkeit immer wieder auf das, was Sie in Erregung versetzt. Was macht Sie glücklich? Was genießen Sie? Versuchen Sie, Freiräume für die Dinge im Leben zu schaffen, die Sie glücklich machen. Nutzen Sie beispielsweise zehn Minuten Ihrer Morgenroutine für Ihr Lieblingsbuch, eine Meditation, ein wenig Sport oder einfach nur für eine friedliche Tasse Kaffee. Meditationen und Visualisierungen helfen dabei, den Fokus regelmäßig auf die schönen Seiten des Lebens zu richten und sich an Ihre Träume zu erinnern. Alle anderen Freuden des Lebens sorgen dafür, dass Sie im Alltag glücklich und ausgelassen bleiben. Schämen Sie sich für nichts und leben Sie ruhig öfter Ihr inneres Kind aus.

Am Anfang steht das „Ja"

Am Anfang steht das „Ja" – und zwar ein tiefes, inneres Ja zu sich selbst und Ihrem Sein. Werfen Sie Zweifel und Idealvorstellungen anderer über Bord und fokussieren Sie sich auf Ihre eigenen Bedürfnisse. Wer möchten Sie sein? Wer sind Sie jetzt? Affirmationen, soziale Beziehungen und Meditationen können dabei helfen, zu lernen, sich selbst so anzunehmen, wie Sie sind.

Ich erlaube mir, heute glücklich zu sein

Erlauben Sie sich, glücklich zu sein. Auch dabei helfen Meditationen und Affirmationen sehr. Lenken Sie den Fokus auf das Licht und die schönen Dinge der Welt – nicht auf alles, was Ihnen unangenehm ist. Sie sind nicht auf der Welt, um zu leiden, sondern um zu scheinen.

Manifestation: Dankbarkeit für das, was kommt

Noch ein Tipp zum Schluss: Die Dankbarkeitsliste ist eine der schönsten Arten, sich regelmäßig an die schönen Dinge im Leben zu erinnern. Fertigen Sie eine Liste mit allem an, wofür Sie dankbar sind. Schreiben Sie auf, was Sie im Leben generell dankend erhalten haben, beispielsweise wundervolle Beziehungen, schöne Urlaubsreisen, Erfolge in Schule und Berufswelt, Gelegenheiten, neue Dinge auszuprobieren, und vieles mehr. Schreiben Sie auch die kleinen Dinge auf, die Ihnen einfallen. Wann immer Sie einen schlechten Moment haben, können Sie einen Blick auf diese Liste werfen und sich an die guten Dinge erinnern. Erweitern Sie die Liste stetig. Praktizieren Sie Dankbarkeit auch im Alltag. Versuchen Sie, jeden Tag drei Dinge zu finden, für die Sie dankbar sind. Das kann etwas Beständiges sein, wie die Beziehung zu einem liebevollen Menschen, oder etwas Unbeständiges, wie das Wetter. Es können große Geschehnisse sein oder vermeintliche Kleinigkeiten. Sagen Sie sich diese Dinge abends auf oder schreiben Sie sie in ein Dankbarkeitstagebuch. Dieses regelmäßige Erinnern an die schönen Dinge im Leben sorgt für ein erhebliches Glücksgefühl.

Der Weg zum Glück

Sie haben in diesem Buch den Weg mit Kaizen kennengelernt und bereits einige Übungen in die richtige Richtung absolviert. Ganz nach dem Motto von Kaizen werden Sie dieses Buch und seine zentralen Erkenntnisse noch eine Weile begleiten. Auch für Kaizen gilt schließlich das Prinzip: Der Weg ist das Ziel. Das ganze Leben ist ein langer Prozess und Veränderungen gehören immer und stetig dazu. Sie versuchen nicht, dramatisch Veränderungen zu erreichen, sondern mit vielen kleinen Schritten Ihren persönlichen Weg zu finden. Das Ziel sind die kleinen, nachhaltigen Schritte.

Kaizen bedeutet, das große Ganze im Blick zu haben. Trauen Sie sich, zu beginnen. Trauen Sie sich, mit kleinen Schritten zu starten. Oftmals benötigen die kleinsten Schritte mehr Mut als die großen, weil sie uns so unbedeutend vorkommen. Doch genau hier liegt der größte Trugschluss, der sich auf Ihrem Weg einschleichen könnte. Die kleinen Schritte sind gerade die bedeutenden. Es ist egal, womit Sie heute beginnen. Hauptsache, Sie fangen an. Denn der beste Zeitpunkt für Veränderungen ist immer: Jetzt.